山东省文化和旅游厅组织编写

山东省级非物质文化遗产普及读本

传统音乐卷（上）

山东城市出版传媒集团·济南出版社

图书在版编目（CIP）数据

山东省级非物质文化遗产普及读本. 传统音乐卷. 上/山东省文化和旅游厅编. -- 济南：济南出版社，2019.1
ISBN 978-7-5488-3509-7

Ⅰ.①山… Ⅱ.①山… Ⅲ.①非物质文化遗产 – 山东 – 普及读物②传统音乐 – 介绍 – 山东 Ⅳ.①G127.52-49②J605.2

中国版本图书馆CIP数据核字(2018)第295863号

出 版 人　崔　刚
责任编辑　冯文龙　冀春雨
图书审读　于丽霞
封面设计　李海峰

出版发行　济南出版社
地　　址　山东省济南市二环南路1号（250002）
编辑热线　0531-86131747（编辑室）
发行热线　86131747 82709072 86131729 86131728（发行部）
印　　刷　济南乾丰印刷有限公司
版　　次　2019年1月第1版
印　　次　2019年1月第1次印刷
成品尺寸　170mm×240mm 16开
印　　张　8
字　　数　115千
印　　数　1—6000册
定　　价　46.00元

（济南版图书，如有印装错误，请与出版社联系调换。
　联系电话：0531-86131736）

编委会

编委会主任：王　磊

编委会副主任：李国琳

编　　　委：王　尚　蒋士秋　冀瑞雪　楚国帅

主　　　编：李国琳

副　主　编：王　尚　蒋士秋

参编人员：卞　辉　楚国帅　高登峰　冀春鑫　晋新杰
　　　　　　任淑芸　孙　悦　田西凯　王孟飞　王冠霖
　　　　　　相家云　张　晗

序　言

　　习近平总书记指出："文化是一个国家、一个民族的灵魂。文化兴国运兴，文化强民族强。中华优秀传统文化是我们最深厚的文化软实力，也是中国特色社会主义植根的文化沃土。要积极推动中华优秀传统文化创造性转化、创新性发展。"在悠悠五千年的历史长河中，中华文明绵延不绝，历久弥新，孕育了丰富的精神文化财富。非物质文化遗产是中华优秀传统文化的重要组成部分，代表中华民族鲜活的文化基因，是民族历史的传承和民族精神的凝缩，是自古以来劳动人民智慧的生动展现。传承和弘扬中华民族优秀传统文化，挖掘和保护中华民族非物质文化遗产，研究和利用齐鲁大地的优秀文化遗产，是时代的要求，是历史的必然，是人民的期盼。

　　山东是孔孟之乡，礼仪之邦，拥有悠久的历史和灿烂的文明。在这片广袤的齐鲁大地上，生长着韵味十足、特色鲜明的非物质文化遗产。神秘动人的民间文学、地域鲜明的民俗传统、风格迥异的传统音乐、独具神韵的传统舞蹈、意味无穷的传统美术、丰韵绵长的戏剧曲艺、通灵入化的体艺杂技、创意灵动的手工技艺，都饱含着齐鲁儿女的创造力，深藏着齐鲁大地的智慧，是齐鲁文化的重要代表之一。灿烂的非物质文化遗产充分展现了齐鲁儿女独具品味的审美个性和别具一格的思维方式，是山东文化发展的见证。

　　山东是非遗大省，非物质文化遗产资源极其丰富，非遗保护工作一直走在全国前列。目前，我省共有联合国教科文组织认定的"人类非遗代表作名录"项目8个，国家级名录173项，省级名录751项，现有国家级传承人94名，省级传承人447名，3家企业被文化和旅游部命名为"国家级非遗生产性保护示范基地"，共有68个省级非遗生产性保护示范基地，有1个国家级、10个省级文化生态保护实验区。为弘扬中华优秀传统文化，充分展现我省非物质文化遗产的博大精深和独特魅力，山东省文化和旅游厅组织编纂了《山东省级非物质文化遗产普及读本》系列丛书，本套书分辑出版。第一辑共5册，包括民间文学类3册，包含80个省级民间文学项目；民俗类2册，包含50个省级民俗项目。第二辑共8册，240个省级非遗项目，包括传统音乐类上下册，有55个省级传统音乐项目；传统舞蹈类上下册，有70个省级传统舞蹈项目；传统戏剧类上下册，有66个省级传统戏剧项目；曲艺类上下册，有49个省级曲艺项目。以后还会陆续编纂其他系列的丛书。本套丛书内容主要是以各市、各单位申报省级非物质文化遗产代表性项目的素材资料为依据。

  本套丛书通过故事叙述与文化阐释相结合，以图补文与多方视角来讲述，涵盖历史渊源、基本内容、表现形态、传承发展、社会价值等方面。相信通过此套丛书的出版，必将使广大读者更加生动、全面、系统地了解山东省非物质文化遗产的传承历史、表现形态、文化内涵及保护现状，必将进一步增强广大群众的文化自信和文化自豪感。下一步，我们将以习近平新时代中国特色社会主义思想为引领，深入贯彻党的十九大精神，不断弘扬中华优秀传统文化，不断推动文化建设向纵深发展，为满足人民群众对美好生活的向往，丰富广大人民群众的文化生活，保障广大人民群众的文化权益，为深入推进经济文化强省建设，实现中华民族伟大复兴的中国梦而贡献更大的力量。

山东省文化和旅游厅党组书记、厅长   王   磊

目录 CONTENTS

山东省级非物质文化遗产普及读本　传统音乐卷·上

山东民歌	001
崂山道教音乐	007
聊斋俚曲	012
运河船工号子（枣庄运河号子）	016
胶东道教音乐	021
大杆号吹奏乐	025
长岛渔号	028
诸城派古琴	032
邹城平派鼓吹乐	035
鲁西南鼓吹乐（嘉祥）	038
泰山道教音乐	041
腊山道教音乐	046
海洋渔号（荣成渔民号子）	049
满江红	053
岚山渔民号子	058
郯马五大调	062
沂蒙山小调	067

临清架鼓	071
鱼山呗	076
鲁西南鼓吹乐（牡丹）	081
山东古筝乐	086
菏泽弦索乐	090
鲁西南鼓吹乐（单县）	094
包楞调	099
运河船工号子	103
鲁西南鼓吹乐（巨野）	107
章丘扁鼓	111
商家大鼓	116

山东民歌

> 2006年,"山东民歌"被山东省人民政府列入第一批省级非物质文化遗产名录。2013年,山东省艺术馆申报的"山东民歌"被山东省人民政府列入省级非物质文化遗产扩展项目名录。

山东,因地处太行山以东而得名,先秦时期隶属齐国、鲁国,故而别名齐鲁。山东是儒家文化发源地,也是世界上第一所官方举办、私家主持的高等学府——稷下学宫的所在地。齐鲁大地孕育了种类繁多的艺术形式,各地都有风格独特、优美动听的民歌。根据流行地域的不同,又可分为不同类别,本文主要介绍以下四种:

一、临淄民歌

临淄民歌流传于淄博临淄地区,是当地民间文艺的重要组成部分。

临淄是春秋战国时期齐国的都城,临淄民歌源远流长,反映了当地人的劳动与生活。《诗经·齐风》中记载的齐地民歌,以及《齐民相与歌》《成相篇》《杞梁妻》等汉代以前的民歌,是以齐地民众喜闻乐见、普遍流传的曲调撰写而成的,可视为临淄民歌的源头。临淄可以说是中国说唱艺术的重要起源地之一。

汉代以后,特别是清代以来,在临淄形成和流传的民歌种类繁多、题材多样，有着更大的影响力和更为鲜活的生命力。因为距今天的时代相对较近，所以流传更为广泛，更为群众所熟知。临淄民歌多数是在临淄产生的，也有一些是从外地传入，经过临淄当地群众的传唱和加工后，成为有临淄地方特色的民歌。

目前已搜集到的临淄民歌有500多首。这些民歌涉及生活、时政、情感、礼仪、劳动、游戏等各个领域，大到国家大事，小到穿衣吃饭，甚至梳洗打扮，等等，表现了临淄地区群众生活的方方面面，是一部活态的临淄历史。

临淄民歌的曲调丰富多彩。从调式上看，临淄民歌一般为徵调式和宫调式，也有少量商调式和羽调式，这就使临淄民歌的旋律和韵味更加丰富华丽、优美动听。临淄民歌无论是表现人情世故，还是表现自然风景，都趣味十足，特别是多用临淄方言演唱，更是别有一番风味。用方言演唱，也是临淄民歌甚至中国民歌的特点之一。

临淄民歌是用音乐形式呈现的史诗，开中国曲艺艺术之先河，对临淄民歌进行挖掘整理，将为当今和将来民族音乐的创作提供有益借鉴。

图一　临淄民歌演出

二、胶州民歌

胶州民歌萌生于民间,广泛分布在胶州湾畔,集中在胶州北乡、东乡、东北乡。当地胶州秧歌和胶州秧歌剧盛行,每当胶州秧歌演出前,吹奏的曲牌大部分是胶州民间小调;而胶州秧歌剧的各种腔调本身就是流传广泛的胶州民歌,甚至胶州秧歌剧运用的板式,也和胶州民歌联系紧密。

清代胶州文人、咸丰年间进士宋观炜所作的诗中,对当地民歌有过生动描述:"佳节追随剧有情,上元已过又清明。怪伊小曲无新谱,都是开腔唱《五更》。"从上述诗中可以看出,清代胶州民歌就已融合在当时的胶州秧歌剧中,二者成为密不可分的结合体。胶州民歌主要由秧歌小戏与小调组成,根据题材可以分为反映革命斗争的民歌、反映爱情的民歌、反映当地风俗的民歌、反映日常生活的民歌和传播知识的民歌。在曲式上,分为胶州秧歌体和小调体。胶州秧歌体的基本结构多为四句式,还有在此基础上发展成的五句式和六句式;小调体基本上以三句式为主。在调式上,以徵、羽、商、宫调式为主,而以徵调式居多。

图二　胶州民歌演出

胶州民歌有三百多年的历史，经历了萌芽、繁荣、低谷、新生等不同阶段，至今仍保存着原创时的基本特征。对胶州民歌进行挖掘、整理，对研究当地社会发展进程和民俗风情，具有珍贵的史料价值；更能为当代民歌创作提供丰厚的艺术资源，对于丰富群众的文化生活、构建社会主义和谐社会有着积极的现实意义。

三、泗水民歌

泗水民歌是当地群众即兴创作、在民间口头传唱的俚曲小调。泗水民歌和泗水人民的社会生活有着非常密切的联系，是当地群众在长期的劳动、生活实践中，为了表现自己的生活、抒发自己的感情、表达自己的意志和愿望而创作的，体现了平民百姓的共同心声和共同感受，是人民群众集体智慧的结晶。

泗水民歌形式丰富多彩，大体可分为号子、山歌、小调、叙事诗、风俗民歌五类。其内容涉及社会生活的方方面面，真实地表现了人民群众的思想感情与理想愿望。反映生产、生活的有《行石号子》《放风筝》等，反映风土人情的有《梦嫁歌》《剪纸歌》等，反映爱情生活的有《正月十五把病探》

图三　泗水民歌演出

《送情郎》等，反映民间疾苦、渴望翻身的有《裹脚苦》《廉大嫂翻身》《妇女翻身》等，反映阶级剥削、阶级压迫的有《地主穷人两重天》《农民小唱》等，反应革命斗争的有《大辫子甩三甩》《劝夫上战场》《送新军》等。泗水民歌大多具有浓郁的乡土气息和地方色彩，它与当地方言结合紧密，形式灵活、生动，没有固定格律，对各种不同的内容、唱词、演唱环境有很强的适应能力。

泗水民歌的代表作品《大辫子甩三甩》诞生于硝烟弥漫、战火纷飞的抗日战争时期，再现了女主人公"妮儿"在翠花崖上送自己未婚夫赴前线作战的感人故事。通过妮儿与娘的对唱，表达了离别时对亲人的担心，对将来胜利的热切渴望，将一个纯情、聪颖的农村少女形象活灵活现地表现出来，生动展现了军民一家亲的场景。《大辫子甩三甩》带着泥土的芳香，以其清新细腻、婉转悱恻、回味悠长的特点，愉悦、震撼着人们的心灵。《大辫子甩三甩》以泗水民间小调为载体，优美的曲调与绝妙的歌词相互融合，相得益彰，成为一个完美的整体。

1949年以来，在继承传统的基础上，泗水民歌又有了新的发展，先后涌现出《毓秀泉林》《拴上就不能丢》《泗河赞歌》等一批新作品。这些歌曲以歌颂美好生活、赞美泗水优美的景致为主要内容，在继承传统民歌艺术经验的基础上，加以改进和创新，使其更加鲜活生动，使古老的泗水民歌在新的形势下焕发出新的活力。

泗水民歌最初在泗水县境内流传。由于泗水民歌曲调通俗、简单易学，也渐渐流传到泗水周边地区。在革命战争时期，随着泗水籍军人的南征北战，泗水民歌被带到了全国各地，流传范围进一步扩大。改革开放以来，泗水民歌以其独特的魅力再次引起了各界人士的关注，不但入选专业教材，而且在各类比赛、表演中崭露头角，先后有多家电台、电视台播出了泗水民歌的相关影音资料。

泗水民歌以当地小调为载体，通俗易懂，反映了泗水人民在不同时期的社会生活状况，具有浓郁的地方特色和较高的社会价值、艺术价值。

四、苍山民歌

苍山民歌的流传地域以苍山县（现改为兰陵县）为中心，历史悠久，源远流长，内容丰富多彩，形式生动活泼。有优美舒缓的山歌、节奏强烈的劳动号子、流利畅达的小调，也有旋律起伏的秧歌、花鼓等。苍山民歌与所处的地理环境、当地风俗习惯密切相关，充满了浓厚的乡土气息，为群众所喜闻乐见。

在苍山民歌中，流传在广大农村的各种民间小调占了绝大部分，无论在音调、曲式还是在唱法上，都形成了苍山民歌独特的风格。像表现纯真爱情的《放风筝》《大踏青》《绣荷包》等，旋律和谐，优美动听；表现农村生产生活的《纺棉花》《摘大桃》《走娘家》等，形象生动，欢快活泼，富有情趣，亲切感人；表现百姓日常生活的《老两口顶嘴》《大实话》《劝夫五更》《小秃闹房》等，幽默风趣。这些民歌都来自劳动人民的口头创作，并在流传中不断加工得到丰富提高。花鼓调《歌唱大生产》是苍山民歌的典型代表，1959年在济南演出，受到广泛关注；后经省歌舞团填词，艺术水准得到提升，于1962年赴北京演出，受到观众和专家好评。

苍山民歌从内容到形式都非常贴近生活，深受群众喜爱，经久不衰。在传唱过程中出现了许多有名的歌手，如高桂兰、赵宗文、张明科、秦守印等。几十年来，当地文艺工作者对苍山民歌多次进行搜集整理，不仅丰富了当地群众的文化生活，也为当代民歌创作提供了丰厚的艺术资源。

崂山道教音乐

2006年,青岛市崂山区的"崂山道教音乐"被山东省人民政府列入第一批省级非物质文化遗产名录。2008年,崂山道教音乐被国务院列入第二批国家级非物质文化遗产名录。

崂山,位于山东省青岛市。古书有云:"泰山虽云高,不如东海崂。"因此崂山素有"海上名山第一"的美誉,两千年前就被一些方士、道人称为"神窟仙宅、灵异之府",其秀峰幽谷中曾遍布"九宫八观七十二庵"。在道教历史上,既有高道仙师在此修身养性、谈玄论道,又有帝王将相、文人雅士前来游历,追求超尘出世的境界,实现崇尚自然、效法自然的理想,产生了或清新灵动、闲致飘逸,或哀婉悲怆、激愤沉郁的道教音乐。

图一　崂山道士演奏道乐

图二 采风工作人员与崂山太清宫道士合影

  崂山道乐从南北朝起至今，经历了一千五百多年的发展历程，吸收了神仙方士琴瑟吟谣、宫廷音乐、民间音乐及地方戏曲等多种音乐素材。南北朝时期，寇谦之创编"祭祀""祈祷"等坛场经乐，并确定了崂山殿坛功课所用的《大澄清》《小澄清》《大赞》《小赞》四大经曲，这便是崂山经乐的发端。到了唐朝，诗人李白与浙江道士吴筠到崂山旅居，共创《清平调》，并把江南道家用的大型经韵作品《三涂五苦颂》传给崂山各道观，崂山道家的经曲渐趋丰富。

  宋代道教兴盛之势未衰，崂山道教音乐已开始探究声乐和器乐的技巧，讲求音乐修饰，追求道乐神韵，经南宋谢丽、谢安以及孙不二等人的发展，产生了全真道三大经韵之一的《崂山韵》。南宋灭亡后，谢丽、谢安把南宋时期全真道龙门派创始人丘处机的《三涂颂》首段编配上富有江南丝竹乐曲特点的旋律，名曰《三清号》，成为崂山道乐的精华部分，传承至今。

  自此，崂山道乐分为两个区域：一是太清宫、上清宫、明霞洞、明道观、太平宫、关帝庙、凝真观、聚仙宫、华楼宫、神清宫、大崂观、蔚竹庵、太和观、白云庵、紫英庵、玉清宫等内山庙观，只清念，无伴奏；二是百福庵、马山、灵山、大妙山、大通宫、通真宫等外山庙观，可用管弦伴奏。外山庙观主张参加民间的应风活动；内山各庙观则遵循清静无为的戒律，禁止响动乐器，后来则改革为可以弹奏古琴，再后来又加入了吹奏乐器。外山庙观在谢丽、谢安的影响下，应风乐开展得轰轰烈烈，除在庙内伴奏经乐外，还参与"祭孔""祭岳""求雨""度亡灵"等外坛民俗活动。据《山东省志·宗教库》记载："南宋末年，崂山的全真道派和庙观众多，道乐经曲内容更加丰富，在全国已居首位。"

明代是崂山道教及道教音乐的大发展时期，传布道经的崂山韵被广泛传播。随着道教与民间文化交流的频繁，道教音乐也吸收民间音乐元素，极大地丰富了道乐内容，促进了崂山道乐的发展。清代蒲松龄游访崂山，和道士共同研究琴法、经曲，并将俚曲音乐和鲁南弦子戏曲牌传给各庙道士，此后崂山道家的一些经曲开始有了明显的俚曲和弦子戏的音乐元素。崂山古琴作为崂山道教音乐的重要组成部分，也随着崂山道教音乐的发展而发展，并在清代达到了

图三　崂山太清宫道乐班在演奏崂山道乐

鼎盛。在清代以及民国年间，崂山成为山东乃至全国古琴乐的中心。

崂山道教音乐以全真正韵为主体，以《十方南韵》《崂山韵》、应风乐和古琴乐为特色，分为经韵音乐与器乐音乐两大类。崂山经韵音乐包括殿坛经韵和应风经韵，殿坛经韵和应风经韵诵唱同样的经乐，但因为场合不同使用不同的韵腔，即"内坛韵腔"和"外坛韵腔"。经韵音乐的表现形式有多种：一种是咏唱式，曲调优美，抒情表意性强，是崂山道乐的精华部分；另一种是念唱式，音乐起伏曲折不大，似念似唱；还有一种是朗诵式，是按照自然语言声调而略为戏剧化了的经韵音乐。

崂山的器乐音乐也可分为两大类，一类是"正曲"，用于内外坛的斋醮仪式中；另一类是"耍曲"，一般是在斋醮仪式之前演奏，烘托开坛前的气氛。器乐音乐的演奏大体可分为三种类型：第一种是"过门式"的演奏，即过场音乐，当上一段经文唱完后，紧接着演奏一段曲牌，再唱诵下一段的经文。第二种是大段的器乐曲牌演奏，一般用在斋醮仪式和法事的开坛之前，多属"耍曲"。第三种是作为念诵的伴奏，起到烘托气氛的作用。

图四　崂山道乐研究会道乐团在小龙山庙演出

崂山道乐中的器乐音乐以应风乐和古琴乐为代表。应风乐又分为应风经韵和应风音乐。应风经韵主要用于民俗活动，念唱的经韵与殿坛科仪中所用的经韵相同。应风经韵是道场科仪的布道行法音乐，集中体现了"通圣达神"的特征，往往带有表演成分，考虑到"仙曲俗唱"，崂山道乐也吸收了大量的民间音乐小调。应风音乐主要用于祝寿、祈雨、庙会、祭悼、超度亡灵等民间演奏，比较有名的应风音乐有《听涛》《望海》《游湖》《六问青天》等。崂山道乐中的古琴乐是道士用古琴演奏的道曲，代表作品有褚守恃的《观海》，叶泰恩的《东海吟》《紫薇送仙曲》，薛一了的《忆王孙》《寒山绿》，蒋清山和蒲松龄合创的《云石风松》，韩太初的《雪地红花》等。

　　崂山道教音乐作为崂山道教文化的组成部分，文化底蕴深厚，是研究中国音乐史不可或缺的重要资料。崂山道场中的行腔唱曲、笙音笛韵，极大地丰富了当地群众的精神文化生活，吸引了海内外人士的目光，展现了民族音乐的独特魅力。

聊斋俚曲

> 2006年，淄博市的"聊斋俚曲"被山东省人民政府列入第一批省级非物质文化遗产名录。2006年，被国务院列入第一批国家级非物质文化遗产名录。

俚曲，即民间俚俗之歌曲，也称小曲、俗曲、市井小令、时调、清曲等。一般是指明清时代南北曲以外的各种民间歌曲。

聊斋俚曲是清初蒲松龄以当时流传的俗曲时调作曲牌编写而成的讲唱故事。其子曾称其为"通俗俚曲"，近世，亦称"聊斋俚曲""蒲松龄俚曲"。

在蒲松龄使用的曲牌中，不仅有鲁中地区的俗曲，还有北方的"满调"，南方的"棹歌""采茶儿"，陕甘地区的"梆子腔""西调"等。而从扬州到北京间的运河经济带，以及从济南到淄川的鲁中经济带，是当时俗曲流传最活跃的地区，也是蒲松龄生前活动的主要地区。蒲松龄的故里淄川，则是这些民间俗曲最主要的传承区域。

俚曲起源甚早，后唐天成二年（927年）就有"俚曲三种"：《叹五更》一首，《十二时》两首（见《敦煌零拾》五）。宋代城市商业经济的迅速发展，为市民艺术的崛起提供了肥沃土壤，形成了民间俗乐的空前繁荣。宋代王灼《碧鸡漫志》云："盖隋以来，今之所谓曲子者渐兴，至唐稍盛，今则繁声淫奏，殆不可数。"隋唐以来，鼓子词、唱赚、诸宫调等说唱艺术蓬勃兴起。

明代的民歌俗曲又发展成为可与唐诗、宋词、元曲相媲美的"一绝",以至大江南北举世传诵,男女老幼人人习之,亦喜听之。近代学者傅惜华说:"明代俗文学中之时调小曲,承宋、元戏曲之余绪,发达极速,且达最盛时期……降至清代,南北俗曲,余势犹盛,除旧调外,复出新声,竟盛一时。"明正德初年到清康熙年间,当地民间俗曲得到了进一步发展。据蒲松龄记载,当时淄川一带"习俗披靡,村村巫戏",这反映了当地百姓对民间俗曲的喜爱。

蒲松龄曾在毕际有府中担任家塾教师三十余年。毕家一直有搜集、演唱俚曲的传统,早在明代万历年间,毕氏先祖毕木就曾编写过俚曲,其后更是绵延不断。这为蒲松龄编写俚曲提供了参照的张本和契机。在毕际有母亲八十大寿之际,蒲松龄特地为她创作了《姑妇曲》。

俗曲盛行及巫戏风靡的社会文化氛围,哺育了蒲松龄的艺术灵气。蒲松龄集一生之阅历和成功的艺术创作经验,在晚年完成了俚曲唱本的写作。在俚曲中,他汇明清俗曲之精华,借鉴变文、鼓子词的讲唱手法,又借鉴了诸宫调、南北曲的曲牌联套体结构,形成了聊斋俚曲独具特色的艺术风格。

聊斋俚曲从基本内容上可分为音乐、文学两大层面。

在音乐层面,这些曲牌大致可分为明清俗曲时调、南北曲两大类型。明清俗曲时调主要包括【耍孩儿】【叠断桥】【银纽丝】等34个曲牌,约占曲牌总数的67%,在实际应用中,更达到92%的比重。南北曲主要包括【皂罗袍】【园林好】等17个曲牌,约占曲牌总数的33%。在实际应用中,因为用的次数少,所以只占8%。

图一　蒲松龄画像

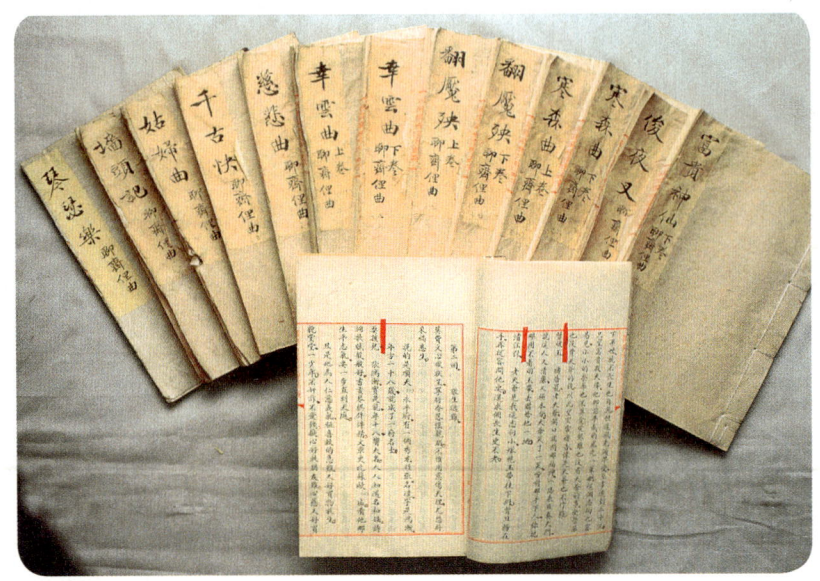

图二　聊斋俚曲唱本书影

从文学方面看，聊斋俚曲的唱本有15部，其中12部属于曲艺形式，包括《姑妇曲》《慈悲曲》《翻魇殃》《寒森曲》等。另外3部属于戏曲形式，它们是《墙头记》《禳妒咒》《磨难曲》。从总体看，聊斋俚曲贯穿着以传统道德为标准的惩恶劝善的思想。

聊斋俚曲具有不间断性、稀有性、通俗性、传奇性等特征。

传承上的不间断性。聊斋俚曲是蒲松龄对民族传统文化多方面的传承和创造性发展的艺术结晶，不仅蒲氏家族引以为豪，代代传唱，而且流传社会，远走海外，影响深远。

聊斋俚曲音乐品种的稀有性。明清俗曲是聊斋俚曲产生形成的声腔基础。明清俗曲虽然浩如烟海，但有关的文献记载寥若晨星。聊斋俚曲是明清俗曲之集大成者，堪称民族音乐之经典。例如流传至今的《茉莉花》，早已为蒲松龄所采用。它又以天然保持了民间俗曲的基本面貌为特点，成为一个有别于其他曲艺形式的艺术品种。

演出的通俗性。聊斋俚曲为平民百姓明白易解、喜闻乐见，具体表现在内容的生活化、语言的民间化、声腔的时俗化、演出形式的简易化。

故事的传奇性。聊斋俚曲的故事有7种取材于《聊斋志异》，还有的取材于三国、八仙故事，即使取材于百姓身边的故事，也是那么富有传奇色彩。所以，许多戏剧都以俚曲为题材改编剧本。如京剧、五音戏、柳子戏、川剧、秦腔、河北梆子等，都有改编自聊斋俚曲的剧本。

独树一帜，自成一体。聊斋俚曲在文体上唱白相间，散韵交织，在结构上取诸宫调、章回小说之法则，在声腔上熔俗曲与雅曲于一炉，在审美思维上集多种艺术形式的特点于一身，不拘一格，自成一体，深受群众喜爱。

聊斋俚曲是明清俗曲的活化石，我们可以从中了解明清俗曲的艺术风格、面貌特点，以及曲牌形成发展的历史轨迹等，进而可对传统音乐的结构、形态、特征，中国人的音乐观、审美观等进行深入研究，从而有助于深化对传统音乐的认识。

蒲松龄是一位非常重视社会伦理道德的作家，在鞭挞不仁的同时，也从劝善的角度出发，以形象化的手段唤醒"村庸""市媪"，将传统美德发扬光大。聊斋俚曲惩恶劝善的教化宗旨，与我们构建社会主义和谐社会的努力是一致的。

图三　聊斋俚曲演出

运河船工号子（枣庄运河号子）

2009年，枣庄市的"运河船工号子（枣庄运河号子）"被山东省人民政府列入省级非物质文化遗产扩展项目名录。

枣庄市地处鲁苏交界处，西连微山湖，南临陇海线，京杭大运河横贯东西，素有"山东南大门"之称，自古即为"商贸重镇，水旱码头"。当地至今保留着较为完整的古运河河道，"运河故道"被世界旅游组织称为京杭大运河仅存的"清代文化遗产"。

京杭大运河自隋朝开凿以来，经过多次清淤、改道，至元朝时，已成为南北漕运的黄金水道。元朝时，大运河流经山东枣庄、济宁、泰安、德州、聊城等地的御河部分与济州河、会通河一起，就已构成了一个具有相当规模而又相对独立的漕运体系。随着漕运的繁荣，运河船工号子应运而生，至今已有数百年的历史。

运河船工号子（枣庄运河号子）是船工们在漕运过程中为协调劳动动作、激发劳动热情，在同恶劣自然环境抗争的过程中集体创作出的劳动号子。运河船工号子分布于京杭运河全线，京杭运河湾浅滩险的河段都有号子，可以说船到哪里，哪里就有运河船工号子。台儿庄区土城子（俗称纤夫村）地处运河沿岸，自运河开凿以来，村民就依河而居，以运河船务为生。运河船工号子在这里广为流传。

运河船工号子（枣庄运河号子）又称"粮米号子"，相传是乾隆皇帝御封的、专为宫廷运皇粮时使用的号子。运河沿岸的老人们都知道一句话，叫"'金銮殿'里也能撑一篙"，说的就是这段历史。

当地运河船工号子伴随着运河漕运流传了数百年。起初，和其他一些艺术形式一样，是船工们根据特定的船上劳动而随意创作的简单号子，大多没有固定的词，根据具体情况进行添加。随着运河沿岸经济文化的发展繁荣，运河号子也在不断地发展和完善。运河船工号子（枣庄运河号子）丰富多彩，与运河沿岸的万家渔火、笙歌管弦一起，共同构成了运河沿岸的别样风情。

运河船工号子（枣庄运河号子）是船工们在劳作时的即兴创作，船上有多少道操作工序，便有多少种运河船工号子。最常用的有打篷号、冲号（也叫四六八句）、打锚号、拉纤号、撑篙号、拿篙号（也叫缆头号）、摇橹号、搅关号、打招号、吊货号、架包号等十余种号子。枣庄的运河船工号子和别处的又有不同，有一个其他运河地区所没有的"引号子"，而且当地的运河号子都有头有尾有内容，非常完整。

运河船工号子（枣庄运河号子）各有其用处。比如打篷号，是在船只起程时使用。船家忌讳"翻"，谐音字也忌用，所以把"帆"称为"阳面"，起程时升帆称为"开阳"。运河上最大的"阳面"高七丈二，宽四丈多，最粗的桅杆一人难搂。要把这么重（船家也忌讳"沉"字）的"阳面"升上去，需要众人动作一致，共同使力。打篷号的作用就在于此。

打锚号是在铁锚久拖不起，船工用力拔锚时所唱的。船工们抓住锚绳，边拉边唱："千斤呀，万斤呀，嗨！铁锚呀，动身呀，嗨！"于是铁锚便在众人的齐声唱和中被缓缓拔起。

冲号是在船舶即将开航时唱的，所以又叫"开船令"：船工大师傅将纤绳搭在肩上，口中唱道："我要拉——哟嗨！"这一句便是给船上伙计们一个信号——船要出发了。听到这一句号子，伙计们无论在干什么活，都要立刻起身，一边撤掉搭板，拿起竹篙，一边长长地应道："哎——"接着便进入工作状态，各司其职。大师傅再接着唱："喂喂，啊——我要拉哟，嗨！"众人再随号应和，一齐用力，如此反复多次，船便缓缓启动了。

图一　枣庄古运河

摇橹号用在下水（即顺水）时，船顺水漂流，只靠摇橹就能保持船速，因而船号轻松而欢快。

跑篙号一般用在平缓行驶过程中。船借八面风，因在此时能"借"风力推船行进，纤夫不用使太多的劲，甚至可以随船行走，比较轻松。但这时候更容易松懈和疲乏，为保持旺盛的精神头，号工相机行事，唱起跑篙号调节气氛。这时号子平缓，段落较长，有时候"一个号子下来能走八里地"。

此外，还有河水浅水流急时用的撑篙号、用篙撑不动用关绞的绞关号、拿篙号、打招号以及船上装卸货物用的架包号等。

运河船工号子（枣庄运河号子）一般没有固定的唱本和唱词，大都是在喊号时根据具体的劳动场景即兴发挥。虽然号子的唱词比较简单，但豪气冲天，高亢有力，节奏明快。运河船工号子种类不同，节拍也有所不同。撑篙号就有快拍和慢拍之分：逆水行舟时需用力撑篙，而且撑篙的节奏要加快，所以就用快拍号子；顺流航行时船只行驶平稳，撑篙不需太大力气，节奏也无须太快，便可用慢拍号子。

唱号子一般需要一位领号者，就像船上操作的总指挥，待领号者唱出，其他人随之应和。领号者要根据船舶行驶状态，掌握号子的轻重缓急，以调动大家的情绪，劲往一处使。过去船上的领号是一个重要工种，要专门拜师学艺，经过师傅严格挑选，记忆力好、头脑反应灵活、眼疾手快、声音高亢洪亮的人才能具备领号的资格。在绞关过闸时是非常危险的，稍有不慎就有翻船的危险，船工们形容绞关过闸就像过鬼门关一样。这时，领号人就要号令全船船工各司其职，齐心协力，共渡险关。

传统音乐卷·上

撑篙

1=D 2/4
中速

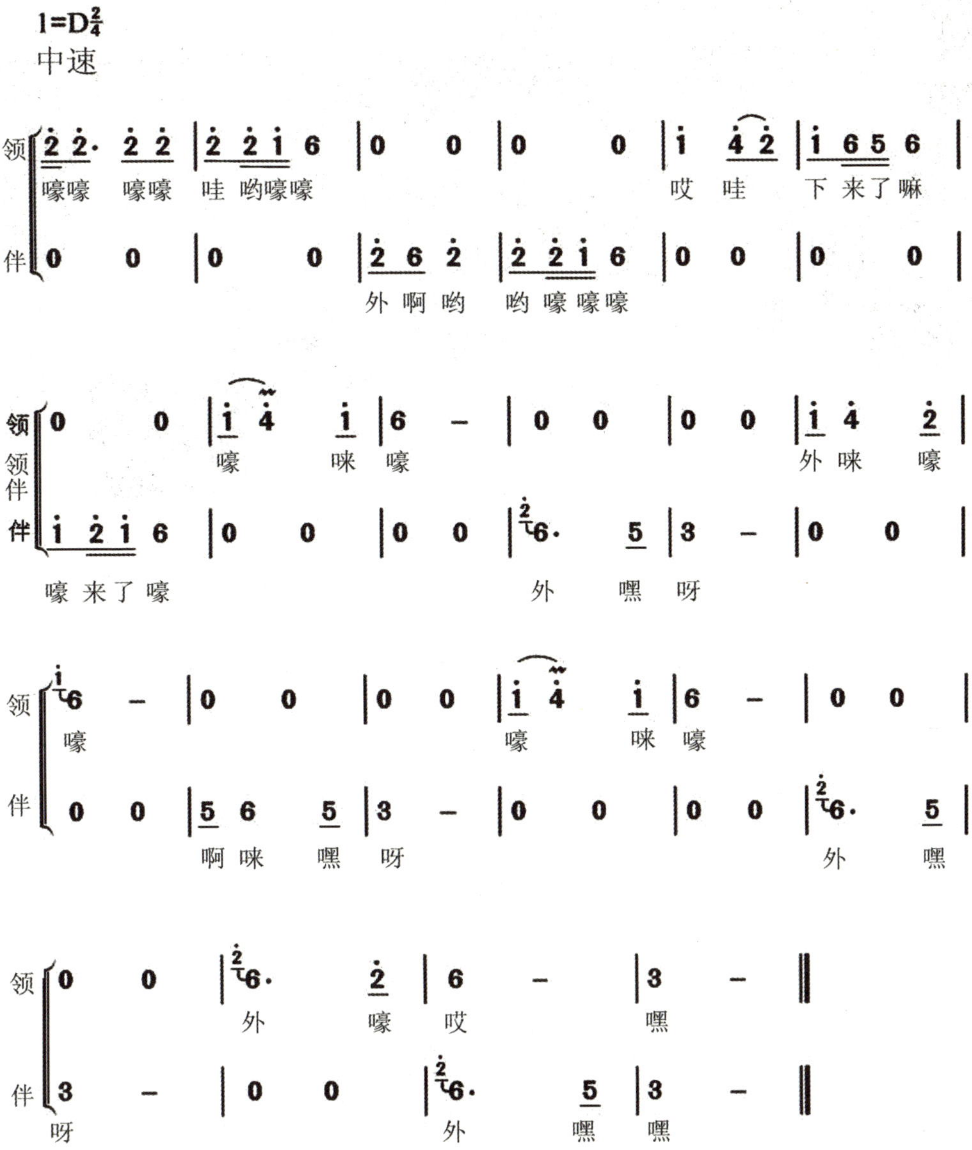

图二 运河船工号子（枣庄运河号子）"撑篙号"曲谱

图三　运河船工徐德光向记者演示运河号子

　　运河船工号子（枣庄运河号子）作为运河文化的一个重要组成部分，承载了几百年厚重的运河文化历史，真实地再现了一定历史时期内运河沿岸的经济文化、风土人情。对运河船工号子（枣庄运河号子）进行保护与传承，对于研究鲁南地区运河两岸的文化、经济、民风、民俗等具有重要意义。

　　运河船工号子（枣庄运河号子）是运河沿岸群众在长期生产、生活中发展起来的一种地方性民间艺术，其内容主要反映运河两岸民风民情，是劳动人民进行生产劳作的劳动号子，深受广大人民群众的喜爱。运河船工号子（枣庄运河号子）在长期的发展中，形成了完整而严谨的格式，对于研究鲁南地区运河两岸的民风、民俗具有重要的意义，并对其他门类艺术的发展，具有重要的借鉴意义。加强对运河船工号子（枣庄运河号子）的保护与弘扬，不仅能够使运河船工号子这项地方传统艺术得以延续，而且有利于丰富群众文化生活，并为当代音乐创作提供丰厚的艺术资源。

胶东道教音乐

> 2006年，烟台市的"胶东道教音乐"被山东省人民政府列入第一批省级非物质文化遗产名录。2008年，"胶东全真道教音乐"被国务院列入第二批国家级非物质文化遗产名录。

在中国几千年的历史文化中，道教与中国人的生活习俗有着密不可分的联系。全真道是道教的主流教派，自创立至今已有数百年的历史。该教派倡扬儒、释、道"三教圆融""识心见性"，并将教义与音乐相结合——"寓道于乐"。创派时的"七真人"之一马丹阳在胶东宁海州"三教堂"听琴，有感而发，作《琴操归山操》。全真道派在兴教领袖的倡导和影响下，对道乐极为看重。

全真道士课诵"经韵"、演奏器乐曲，是该教的日常"功课"，从而形成了极富胶东地方特色的道教音乐文化。其中最重要的是乐谱，大致包括以下几个方面：

（一）藏谱

据调查，山东较大的道教宫观常常设有戏楼，收藏了比较丰富的乐器及乐谱。现在发现的乐谱有以下几种：

1.琴谱：《五知斋琴谱》《大还阁琴谱》。

2.大管子谱：《玉音仙范大管子卷二》（共二册），《玉音仙范大管子凡四调卷上》(卷面记有"同治六年")。

3.小管子谱：《玉音仙范小管子卷二》《玉音仙范小管子卷四》(卷面记有"光绪十三年")。

4.云锣谱：《云锣清吹后代七调迎仙客》(卷面记有"同治九年")。

另外还有工尺谱器乐曲本，记录了40余首乐曲。

（二）记谱法

道教乐谱本记写的曲谱，均采用宋代俗字谱及工尺谱写的固定唱名记谱法。

（三）板式与套式

板式分为散板、慢板、中板，或是分为行板、快板、流水板等。散板，分散板乐曲和散板乐段，如套曲的开始曲，多为散板；慢板乐曲占的比重较大，多与宗教祭祀性的场景有关；中板或行板，多用在作法事队伍行进之际；快板多用于套曲结尾时；流水板，多用于套曲，与其他板式相对比，流水板有其专用曲牌，像【报子令吹南蝶落】【锁南皮】等。

道教器乐曲的曲式，主要表现在"套曲"形式上，即由多首曲牌连缀而成，各首曲牌亦可独立演奏。但成套后冠以头尾，形成散——慢——中——快的速度程式。

（四）宫调

胶东道教乐队常用的所谓"四大调"分别为：

上字调：G宫调（管子筒音作6，以宫音名调）；

乙字调：D宫调（管子筒音作2，以角音名调）；

勾凡调：A宫调（管子筒音作5，以角音名调）；

靠凡调：C宫调（管子筒音作2，以宫音名调）。

以上几种宫调转换时，出现了勾凡、靠凡、雅一等名目，山东道教乐队在使用时的含义如下：

勾凡：是升高原凡音半音。

靠凡："勾凡调"要转回"凡字调"时，需把"勾凡"还原，此时叫"靠凡"。

雅一：将原"一"字降低半音。

（五）经韵

所谓经韵，即道士诵唱的宗教歌曲及经腔。山东《崂山韵》，被列为全真道三大经韵之一，于元末明初在崂山道观中形成。崂山北麓"烟霞洞"道长孙紫阳于明嘉靖年间将"各经书广行刊刻，流布传道"，其中就有《崂山韵》。因当地多产地瓜，所以这种具有胶东当地音乐特色的道教声乐曲被喻为"地瓜韵"。《崂山韵》流布胶东半岛及东北数处道教宫观。根据演出场合的不同，经韵基本上可以分为以下四种形式：

1. 讽经腔。讽经，是道教徒对念经的褒称，亦可写成"奉经"。因为念的经文为宗教典籍，故善男信女抱着至诚的心态，读念时语调轻清恬静，类似念白，旋律性不强，如《忏悔文》等。

2. 诵诰腔。诰，为帝王等居高临下的昭示，故此种腔节奏规正，威严有加，如《弥罗诰》等。

3. 念咒腔。念咒腔一字一音，为道地的"诵念"，基本不存在旋律变化，如《灵官咒》等。

4. 韵腔。韵腔是真正的唱曲，曲调性强，有的曲折悠转，有的则清越秀透，是教俗共赏的道歌，如《庆寿》等。

图一　胶东道教音乐演奏

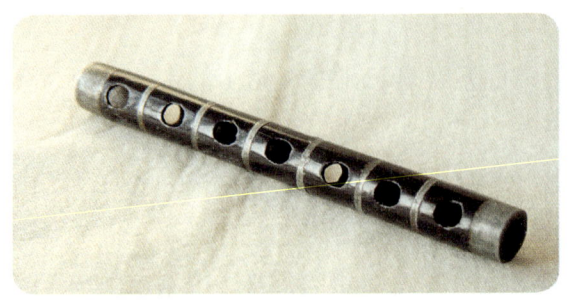

图二　九孔管

20世纪三四十年代，曾有村庙道士在年节村寨"办耍"（兴办社戏）时，"把道帽一摘乘兴上场演出"（慕明德道人语）。此时，道人把在道观中所学的一些器乐曲应用在秧歌队伴奏之中。同时，当道人集中一起学经练曲时，民间艺人的唱奏也为其宗教音乐所用，在交流、融合的过程中，便自然地把宗教音乐和民间音乐相连相通，同样也与人民群众的生活习俗联系在一起。如：一、唱道曲庆寿。胶东道士日常宗教活动中，常常应邀到百姓家庆寿，届时除念《寿生经》外，还要唱道曲——名曰"赞"，常唱的有《三教赞》《赞八仙》《赞菩萨》等。二、在庙会、年节唱道曲"伺候香火"。每当年节、庙会来临时，道士自然要忙活一番，道士称此为"伺候香火"，这之间除念些《三官》《北斗》《施金》外，也唱《六句笺》《八句笺》《三归》等道曲。三、为亡灵唱奏道曲。以前胶东有人故去时，会请道士为其超度，常常有四个或八个道士吹奏道曲。念经多称"阴招"，包括《升天经》《早晚功课》等；吹奏的道曲有《大罗江怨》《小罗江怨》《白云》《长远歌》等。

据调查，现在道教乐队常用的乐器有管子、笙、笛、云锣、铛、小镲、手鼓等。全真道乐器多用于合奏，独奏较少见，尚未见到为经韵伴奏的例子。在器乐演奏时，殿坛的法器多不使用，只用镲、鼓等响器。在演奏时以管子主奏，其余乐器随奏。莱阳市道人李成义保存了九孔管并会演奏，在当地颇负盛名，其照片等被《中国民族民间器乐曲集成·山东卷》收录。

胶东道教音乐在齐鲁大地上生生不息，其音乐之魂根植于我国民族音乐之中，成为我国优秀的民族文化遗产。多样的表演形式和浓厚的地域风格体现了道教音乐传统的独特性，也对文人音乐造成了深刻影响。

大杆号吹奏乐

> 2006年，蓬莱市的"大杆号吹奏乐"被山东省人民政府列入第一批省级非物质文化遗产名录。

在蓬莱，人们经常能听到阵阵富有阳刚之美的声声号角，这就是著名的蓬莱大杆号吹奏乐，它以精湛的演奏技巧和浓郁的地方特色，以高亢的音色将蓬莱丰富而美丽的传说娓娓道来，成为当地民间音乐的杰出代表。

蓬莱市隶属烟台市，位于山东半岛最北端，海岸线约60公里，依山傍水，风光秀美，物产富饶。蓬莱至今已有两千多年的悠久历史和灿烂文化，是一座令人神往的历史文化名城，文化积淀深厚，文物古迹众多，境内有驰名中外的中国古代四大名楼之一的蓬莱阁，在那里可以看到迄今保存最完整的中国古代水军基地——蓬莱水城，还有民族英雄戚继光表功祠和戚氏牌坊，加之"海市蜃楼"奇观和"八仙过海"传说，使这里素有"人间仙境"的美称。

蓬莱大杆号吹奏乐在我国明代著名民族英雄戚继光（1528—1587）所著的《纪效新书》中就有记载："摇旗报有贼至，听吹哱啰起身，听吹摆队伍喇叭，即整鸳鸯阵，二队在左者左出……听再吹，单摆开喇叭，即分三才阵，如不再吹单摆开喇叭，是不分三才阵，只以鸳鸯阵听号交锋，但以吹喇叭为准"。明代《三才图会》亦称蓬莱大杆号"多用于军中"。可见此类乐器历史之悠久。

图一　蓬莱大杆号吹奏乐演出

据史书记载，戚继光曾担任都指挥佥事，监督修整海防设施，并巡察海上营卫。他在军中设立蓬莱大杆号军乐队，出征时用于鼓舞士气，凯旋时用于表彰军士，另外还用于操典、演兵、战斗等武事活动中，蓬莱大杆号军乐曲《戚家将军令》就诞生于这个时期。经过长期演变，大杆号吹奏乐流传到民间，受到老百姓喜爱。1949年以后，蓬莱大杆号吹奏乐在民间流传很广，在蓬莱的东南、南、西南部，几乎村村都有蓬莱大杆号吹奏乐队。

古老的蓬莱大杆号吹奏乐，经过艺人们世世代代的传承和发展，流传至今。1996年，蓬莱大杆号乐队在"齐鲁广场民间艺术展演"中演奏《戚家将军令》获得"红牡丹奖"；在近年来一系列文化艺术盛典中，蓬莱大杆号得到了进一步展示，赢得了中外观众的赞扬。

蓬莱大杆号又名"喇叭""招军""先锋""号角"，是一种无孔无键、直管吹奏的铜管乐器，声音高亢、粗犷。它的构造，是两节套在一起，长约2.5米，号的上端顶部有凹形号嘴，下端喇叭口径约为15厘米，平时两节套在一起，用时拉出。吹奏时必须站立，以左手将号托起，右手按号嘴，放于嘴角吹奏。与蓬莱大杆号合奏的乐器分为吹奏类、打击类、

图二　祭海仪式中的蓬莱大杆号

拉弹类三大类别。

蓬莱大杆号吹奏乐在当地家喻户晓、妇孺皆知。蓬莱大杆号艺人将当地的民间音乐改编成蓬莱大杆号的演奏乐曲，如《五更小调》《十思乡》《跑四川》等；到了民国时期，由于蓬莱是"登州府地"，文化上比较开放，一些外来歌曲也演变为蓬莱大杆号的吹奏曲，如《快乐的民兵》《北伐军歌》等；由于京剧在蓬莱具有较长的传播历史和深远的影响，某些京剧曲牌也成为蓬莱大杆号的保留曲目。据调查，蓬莱大杆号的曲目现有90余首。

蓬莱大杆号的乐曲大多是由艺人们即兴吹奏而成的，由于该乐器在民间流传已久，历代吹奏艺人在漫长的艺术实践中，已使乐曲在结构、音调等方面形成了固有的风格和规律。大杆号吹奏乐经过历代吹奏艺人漫长的实践，广泛应用于起轿、催妆、落轿、贺新房、祭海等民间俗事活动、各种节日、娱乐及古代官僚出巡迎宾等活动中。根据所参与活动的不同，可分为武事性乐曲、礼仪性乐曲、祭祀性乐曲和娱乐性乐曲四类。武事性乐曲威武雄壮、气势宏大，礼仪性乐曲喜庆热烈，祭祀性乐曲庄严肃穆，娱乐性乐曲欢快明朗、诙谐幽默。

蓬莱大杆号演出时的服装、道具多种多样，演奏不同种类的乐曲需要不同的服饰。戚家军盔甲、战靴和戚继光帅服、帅盔等多用于武事性活动；红头巾主要用于礼仪性活动；黄头巾主要用于祭祀性活动；在娱乐性活动中，则根据实际情况选择前三种服饰。所用道具有戚字帆一面、刀式战旗七十七面（象征赵云七进七出），牛、羊、猪头四套（象征四方祭神），八仙酒若干。

大杆号吹奏乐为我们研究古老的蓬莱民间音乐提供了有力的佐证，具有重要的艺术参考价值，对其进行挖掘和研究，可以为我们当前的音乐创作提供有益借鉴。

图三　蓬莱大杆号参加当地庆典活动

长岛渔号

> 2006年,长岛县的"长岛渔号"被山东省人民政府列入第一批省级非物质文化遗产名录。2008年,长岛渔号被国务院列入第二批国家级非物质文化遗产名录。

"豪咳呀咳,豪哈噢豪哇……"来到长岛,你会听到这样粗犷而有力的渔号声音。渔号的节奏铿锵有力,曲调苍劲浑厚,音程八度大跳,具有气吞山河之势。裸露的脊梁,紫色的胸膛,粗壮的胳膊,有力的手腕,腿上暴起的青筋,全神贯注的眼神,全被这指挥生产、协调动作的"渔令号"调度在力系千钧的缆绳和拨水推浪的橹杠上。这是长岛民俗文化的一大亮点——"长岛渔号"。

长岛县,隶属烟台市,系山东省唯一的海岛县。八百多年前,长岛便成为妈祖文化在北方的传播中心和我国南北活动的海运枢纽。

长岛渔号是在当地渔民生产劳作过程中诞生的。闯海之路从来就不是一帆风顺的,渔民不仅要适应海洋,更要征服海洋。劳动的强度愈大,气氛愈紧张,愈需要以鲜明的节奏统一全船人的意志、指挥生产。于是就有了上网、竖桅、摇橹、掌篷、发财等多种渔号,这是长岛渔民的歌。随着渔业劳作的发展,以吆喝、呐喊为主要语言,领和分明、具有音乐美的"长岛渔号"应运而生。

图一　长岛渔船

　　长岛渔号的鼎盛是在民国时期。当时岛中常从莱州雇用"鱼眼"（能根据时令、海水潮汐、颜色，观察判断鱼群大小和鱼量多少的人，也称"听叫"），使长岛渔号与外界渔号有了交流，得到进一步发展。随着当地渔民活动范围的扩大，渔号从渤海叫到黄海，直至朝鲜半岛。

　　据《长岛县志》记载，20世纪30年代，砣矶岛后口村有一艘名为"大瓜篓"（因形似瓜篓而得名）的船在烟台港抛锚，适逢一艘来自天津的船正要掌篷出海。时值雨后，篷绳湿涩，船员费了九牛二虎之力，也没有把篷掌起来。"大瓜篓"上有个号头，绰号"小鬼奶奶"，当即带领伙计们靠了上去，一个"掌篷号"，硬是把沉重的篷帆掌了起来，在港的渔民无不钦佩，使长岛渔号声名大振。

　　在20世纪50年代初，来自烟台、威海的几十家渔船在天津大沽口休整。傍晚，渔民们在船上、坝沿上、海滩上谈笑风生，表演各自的节目。轮到砣矶岛渔民了，他们既不会演，又不会唱，无奈叫起了长岛渔号。谁知这号子一叫，不仅引来众渔民的喝彩，就连周边的饭店、酒馆、商铺里的人都停下了手中的活计，出来看热闹，听"怪腔"。

后来，随着当地生产工具和生产方式的更新，长岛渔号相应处于"低潮"。20世纪70年代以来，一些老年渔民相继作古，长岛渔号便成为一种无形的文物，尘封在人们的记忆中。从20世纪80年代开始，长岛渔号的艺术价值受到人们重视，并参加了诸多表演活动，使这一非物质文化遗产得到传承。

长岛渔号以吆喝、呐喊和领和叫唱为表现形式。领者，胸有成竹，气宇轩昂；和者，齐心协办，众志成城。这一领一和，一呼一应，音程八度大跳，和者的句头紧咬着领者的句尾，犹如巨龙闹海，大有力挽狂澜和排山倒海之势，使人感到渔号的聚集力和号召力。它能指挥生产，能叫"多心眼"想到一起，能令"八股绳"拧到一块。关键时刻，只要号子一叫，人们便长了情绪，添了力气，产生以一当十的降龙伏虎之威。领者俗称"号头"，是个富有经验的闯海者。领号，有轻有重，有长有短，或舒缓，或急促，与劳动节奏相吻合；和号，视渔令为军令，严格地配合领号的腔调、情绪，要和得及时，答得协调。长岛渔号往往受到劳动强度制约，如"发财号"舒缓悠扬，柔中有刚，以加花、重叠、说唱为主，往往不用领号，众人自发地喊唱。于是，渔号便得到充实和发展。这种粗犷豪放、原汁原味的劳动之歌，沾着海风海浪，带着渔腥气息，无任何乐器伴奏，作为一种原生态的喊唱方式，激发了劳动热情，大大提升了渔业生产效率。

因着伴随渔民劳动和发展而形成的对劳动依存的特征，长岛渔号以县境中部的砣矶岛为中心，辐射至县内各岛及渤海、黄海沿岸。它是团结一心的劳动之歌，是向困难和灾难发出的宣言。渔号在节奏和速度上的变化对每个劳动环节均起到了关键性的作

图二　摇橹号

用，具有鲜明的时代特色。渔号鼓舞人心，增强斗志，化精神为力量，一代代传承，成为现今海洋民俗文化的一大亮点。

风格独特的长岛渔号在各个历史时期都发挥了重要作用，近年来受到人们的广泛关注，曾在多家电视台播出，并参加象山全国渔歌（号子）邀请赛，荣获作品表演二等奖。延续了数百年的长岛渔号，已成为当地一项重要的非物质文化遗产。

图三　2006年9月，长岛渔号参加象山全国渔歌（号子）邀请赛，荣获二等奖。

"长岛渔号"作为海洋民俗文化苑中的一朵奇葩，是其他民间音乐无可比拟的。其粗味、野味、原味浓重，凝聚力、向心力、号召力强，这也是其他船江号子无法比拟的。挖掘、抢救、保护这一海洋民俗文化遗产，对继承前人不屈不挠的闯海传统，弘扬同舟共济的团队精神，丰富当地文化生活，都将起到积极的推动作用。

诸城派古琴

> 2006年,诸城市的"诸城派古琴"被山东省人民政府列入第一批省级非物质文化遗产名录。2008年,被国务院列入国家级非物质文化遗产扩展项目名录。

诸城市位于山东省东南部,泰沂山脉与胶潍平原的交界处,这里气候宜人,景色秀丽,文化底蕴丰厚,是诸城派古琴的故乡,也是中国古琴的发源地之一。

古琴艺术源远流长。相传,上古时候的虞舜就精于制琴、弹琴。《礼记·乐记》载:"昔者舜作五弦之琴,以歌南风,夔始制乐,以赏诸侯。"诸城派古琴往往将舜作为始祖。

诸城派古琴亦称"山东诸城派古琴",又称"琅琊派古琴"。19世纪中叶,经过几代琴家的不断探索,逐步形成了一个具有地方特色、技巧和特有曲目传谱的古琴流派。古

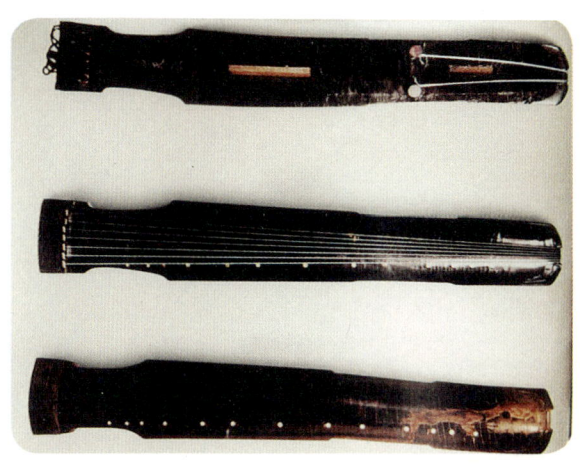

图一 诸城藏琴

琴历来被视为古代文人的"专属"乐器,是高雅音乐的象征。而在明清时期,随着市民阶层的扩大,民间俗语逐渐发展,古琴开始脱离对文人的依附,成为独立的乐器门类,走入民间,诸城派古琴风格就受到山东地区民间俗乐风格影响。据相关资料记载,诸城派古琴最早的演奏者为清嘉庆年间的王溥长(既甫)和王雩门(冷泉),二人在早期所弹奏的曲目相同,演奏曲子的立调也相同,但在演奏风格上迥然有别:王既甫的演奏清微淡远,王冷泉的演奏绮丽缠绵,不同的审美和演奏风格共同影响了诸城派古琴的发展。后来,王露、王燕卿进入高等学府,向全国学生、民众介绍诸城派古琴,使其技艺和琴学思想有了更广泛的接受群体,进一步推动了诸城派古琴的发展。发展至今,诸城派古琴形成了南北两个支系,传承队伍不断壮大。

诸城派古琴风格别致。古琴立调体系一般为两大类:一类是以三弦为宫,以五音(宫、商、角、徵、羽)命调,即F调;另一类是以一弦为宫,以均命调。诸城古琴的立调体系则采取了一个折中办法,即以三弦为宫,以律吕命调,分为"黄钟调"(F)、"林钟调"(C)、"无射调"(bE)、"太簇调"(G)、"仲吕调"(bB)。诸城派古琴形成了细致、含蓄、质朴、流畅的艺术风格,其节奏固定、标准统一,划分节奏并附有简谱,可数琴齐奏,运用诸城方言边弹边唱。琴谱有王冷泉辑《琴谱正律》,载琴曲21首;王既甫、王心源、王秀南祖孙三代相传的《桐荫山馆琴谱》,载琴曲16首;王露辑《玉鹤轩琴谱》,载琴曲30首;王宾鲁传《梅庵琴谱》,载琴曲14首,其中《关山月》《长门怨》《秋风词》《搔首问天》等为诸城派古琴所独有的琴曲。

诸城派古琴受儒家和道家审美思想的影响,讲究"乐者心出,感而发之",追求中正平和之音,淡和希美之声,其音色含蓄饱满,音域宽广深沉,有追求大美之情

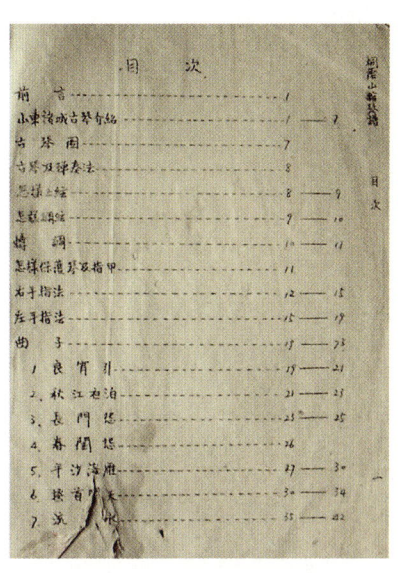

图二 诸城派古琴藏谱

图三 诸城派古琴演奏

怀。古琴艺术追求"琴境",既有清微淡远的审美意境,又有超脱自然的空灵之境,如《潇湘水云》中寄情山水的雅居生活,或同《平沙落雁》对空灵缥缈的无限追求。无论是恬静音质中的含蓄之美还是轻柔悠长中的朦胧之美,诸城派古琴都以中正平和的审美特色将齐鲁大地上生生不息的儒道理想娓娓道来。

作为中华民族最早的拨弦乐器之一的古琴,以其古老而又鲜活的生命力活跃在民间。古琴曲恬雅悠扬,伴着笙、箫、埙等古典乐器,以独特的演奏技法演奏出了中华传统音乐的含蓄、典雅之美,也体现了古代文人雅士淡泊、宁静的人文情怀。诸城琴派刚中带韧,密中见疏,实中有虚,重而不滞,既以丽密深曲为特征,又具空灵回荡之美。

古者,衣袂飘飘,抚一曲古琴曲,置山水之间,超然于世;而今,在纷繁的俗世中,听一曲古琴乐,能与古者和,醉在曲中,感受静谧与洒脱。近年来,多种传承和保护方式使诸城派古琴有了新的突破与发展。在诸城派琴人的心中,古琴的意义已经远远超越了音乐本身,成为文人士大夫理想人格的象征。在世界范围内,许多国家和地区都在学习、研究中国古琴,诸城派古琴琴谱如《梅庵琴谱》等已在国内外出版,得到了广泛传播。诸城派古琴以其强烈的艺术感染力和生命力,对促进民间文化交流、振兴中国古典音乐有着独特作用。

邹城平派鼓吹乐

> 2006年，邹城市的"邹城平派鼓吹乐"被山东省人民政府列入第一批省级非物质文化遗产名录。

邹城市位于山东省南部，历史悠久，文化底蕴深厚，是中国历史上著名的思想家、教育家孟子的故里。作为当地民间音乐的代表，"邹城平派鼓吹乐"具有漫长的发展历史。据考证，唢呐产生于波斯一带，金元时期由阿拉伯人传入我国，明朝洪武年间由山西移民带入邹城，逐渐被本地居民接受，扎根于此。起初唢呐仅作为当地贫苦农民的谋生手段，在长期发展过程中成为人们生活的一部分。后来为彰显艺术特色，艺人们制造了铜杆唢呐，并在演奏的曲调中，揉进了一些具有地方特色的小调、俚曲，经过长时间的演练，再加上当地风俗民情及儒家文化的影响，到清朝嘉庆末年已形成平派鼓吹乐的基本特色。至民国初年，已有十几个班子活跃于鲁南及周边地区，其中孙家班、张家班、丁家班、周家班四个乐班发展尤为迅速。这些乐班在外谋生时，逐渐把平派鼓吹乐传播到各地，进一步扩大了平派鼓吹乐的影响。

邹城平派鼓吹乐独特的艺术风格源于其严格的制作技艺和鲜明的地域特色，铜杆唢呐是其代表性乐器。铜杆唢呐由铜皮制成，杆长25厘米左右，铜碗直径6厘米左右，杆下端的圆筒直径2厘米左右，哨片多用秋天的芦苇中未发出的苇缨制作。它音域宽广，包含两个八度，可分别演奏五个调，即平调、

图一 平笙

雅调、越调、五字调、凡调。邹城平派鼓吹乐对民俗依赖性较强，在不同地域形成了不同的艺术特色。人们习惯把徐州一代的吹打乐称为"南路家什儿"，把菏泽一带的吹打乐称为"西路家什儿"，把临沂及其以东的吹打乐称为"东路家什儿"，把邹城以北的吹打乐称为"北路家什儿"，而邹城平派鼓吹乐处于中间位置，"平"包含中间的意思。在演奏风格上平和、轻柔、婉转细腻，给人以"平如行云流水，稳似泰山青松"之美感。

邹城平派鼓吹乐的演奏乐器主要包括吹奏乐、弦乐、打击乐三大类：吹奏乐类有唢呐、笙、管、笛等，唢呐以铜杆唢呐为主，分为高音唢呐、低音唢呐、中音唢呐；笛子，常用的有梆笛、曲笛；笙，以平笙为主，亦有方笙；管子，有大小孔、单双管之别；笛，有中音、低音两大类。弦乐类包含高胡、二胡、中胡、大低胡、板胡、三弦、琵琶、扬琴、柳琴。打击乐类包含大鼓、堂鼓、扁鼓、班鼓、串鼓、铜鼓、大面锣、大筛锣、中音锣、高音锣、铙钹、水钗、小钗、点子、二面云锣、五面云锣、梆子、地梆、木鱼、碰铃。邹城平派鼓吹乐主要演奏曲目有《哭长城》《哭五更》《鸟兽闹春》《集贤宾》《十样景》《五六五》《开门子》《庆贺令》《将军令》《朝天子》《一枝花》《四合四》《柳青娘》《绞句子》《火烧葡萄架》等。

邹城平派鼓吹乐源于民间，服务大众，与当地群众的生活习俗息息相关，是群众文化生活中不可缺少的组成部分，对满足群众文化需求发挥了重要作用。同时，它所承载的历史文化与生活习俗展现了社会的发展与进步，对研究民风民俗具有重要的历史参考价值。作为一种具有独特艺术价值的民间音乐，邹城平派鼓吹乐的特色乐器为铜杆唢呐，声音响亮清脆，具有穿透力，有铜板敲击时的铮铮金属之声。在演奏技法上，铜杆唢呐因筒身短细，筒腔窄小，故演奏难度大。在此基础上，运用滑音、吐音、气拱音、气顶音、三弦音等独特技法展现别有韵致的声音，还有模仿鸡啼鸟

图二　铜杆唢呐

鸣、人声歌唱（俗称"卡腔"）等特殊技巧，从而丰富了唢呐的表现力。平派鼓吹乐演奏曲目丰富多样，除传统曲目外，有时还融入一些现代曲目，妙趣横生。与众不同的演奏风格使邹城平派鼓吹乐"平中见奇，稳中善变，刚柔相济，扣人心弦"，深受人们喜爱。

以演奏平派鼓吹乐为主的四大乐班世代传承，留存至今。代表性传承人物有孙家班班首孙玉秀、张家班班首张士明、丁家班班首丁庆华以及周家班班首周凡涛。其中孙玉秀出身五代唢呐世家，20多岁时名噪鲁南，被当地人誉为"孙大吹"，1959年任山东省歌舞团独奏演员，参加了一系列盛大演出活动，同年赴上海音乐学院民乐系任教，其演奏技法、理念以及鼓吹乐的艺术精髓被学生们带至大江南北。1992年，孙玉秀被授予"唢呐演奏家"称号，其演奏的《哭长城》《集贤宾》《夜看人》等曲目被辑入1994年8月出版的《中国民族民间器乐曲集成·山东卷》。

邹城素有"孔孟桑梓之邦，文化发祥之地"的美誉，厚重的历史文化孕育了"平派"鼓吹乐，它不仅是当地文化的一部分，更是中华优秀传统文化的重要组成部分，是我国劳动人民智慧的结晶。它的代代传承凸显了民间音乐的鲜活生命力，丰富了我国民族音乐的种类，更成为文化交流与传播的重要载体。

鲁西南鼓吹乐（嘉祥）

> 2006年，嘉祥县的"鲁西南鼓吹乐"被山东省人民政府列入第一批省级非物质文化遗产名录。同年，被国务院列入第一批国家级非物质文化遗产名录。

鲁西南鼓吹乐是一种以唢呐演奏为主要呈现形式的传统民间艺术，分布在山东省济宁、枣庄、菏泽三市及周边地区，嘉祥鼓吹乐是其中的杰出代表。在武氏祠汉画像石中，就已经有了鼓吹乐演奏形式。《嘉祥县志》也有对明代鼓吹乐演奏情况的记载。1949年以前，鲁西南鼓吹乐主要依存于民间礼仪、民俗活动，如在节日庆典、婚丧嫁娶中演奏。依照传统习惯，民间将以一支唢呐（当地俗称大笛）为主奏，另配以笛、笙、小镲、鼓等乐器者，称为"单大笛"；将以两支唢呐为主奏，另配以

图一　鼓吹乐名家交流艺术经验

小镲、云锣、汪锣、乐鼓等乐器者,称为"对大笛"。此外,还有以锡笛为主奏的乐队和"咔戏"乐队等。

在长期的艺术实践中,鲁西南鼓吹乐形成了丰富的曲目、多样的调类、精湛的演奏技艺、数以百计的民间乐班和数以千计的鼓乐传人。代表性曲目有《百鸟朝凤》《六字开门》《一枝花》《大合套》《风搅雪》《抬花轿》等,总数在三百支以上。代表性演奏家有任同祥、贾瑞启、袁子文、魏永堂等。嘉祥一带的代表性乐班有以杨兴云为代表的"杨家班",以曹瑞启为代表的"曹家班",以任同祥为代表的"任家班",以赵兴玉为代表的"赵家班"和以贾传秀为代表的"贾家班"。其中,杨家班演奏时古朴典雅,庄严肃穆;曹家班演奏时音色纯正,柔和甜美;任家班演奏时音色明亮,感情细腻;赵家班演奏时音色宽厚,高亢明亮;贾家班演奏时音色清脆,激荡起伏。长期以来,这五大班社与其他鼓乐传人一道,活跃于当地民间文化生活中,争奇斗艳,各领风骚,深受民众喜爱,并使嘉祥成为誉满中国、闻名遐迩的"唢呐之乡"。当地鼓吹乐演奏家多次参加各类文艺演出并屡获大奖,大大提升了鲁西南鼓吹乐的影响力。

鲁西南鼓吹乐唢呐、锡笛常用的演奏技巧有花舌音、气控音、气拱音、滑音、打音、泛音、萧音、苦音等,深受当地群众欢迎。鲁西南鼓吹乐一曲多奏,所使用的手法主要有板腔式变奏、移调指法变奏等,使曲目丰富多样。变化最丰富、最集中的是《开门》和《抬花轿》这两首乐曲。如由《开门》可派生出《上字开门》《尺字开门》《凡字开门》《六字开门》《五字开门》《大合套》《风绞雪》

图二　鲁西南鼓吹乐演奏

图三　鲁西南鼓吹乐参加文艺演出

《婚礼曲》等十几首乐曲,由《抬花轿》可派生出《抬花轿》《拜花堂》《大笛二板》《大笛锣》《百鸟朝凤》《快慢笛绞》等十几首乐曲。另外,"穗子"(又称"碎子")也是鲁西南鼓吹乐的一大特色,这是全曲中一个相对独立的部分,在演奏上有一定的即兴性,音型细碎,围绕着乐曲的某些骨干旋律或骨干音列自由展开,紧打慢唱,一气呵成,是显示民间演奏家卓越才华和高超演技的重要段落。

鲁西南鼓吹乐在全国众多的民乐中,风格独特,质朴豪放,高亢激昂,在当地有较为广泛的群众基础。鲁西南鼓吹乐作为一种普及面较广的民间艺术,经过专业文化工作者长期的挖掘、整理和推广,已由单纯用于婚丧嫁娶活动,逐步渗透到大型节日联欢、开业庆典、丰收喜庆等场合,对于丰富城乡文化生活、满足群众文化需求起到了一定的促进作用。

泰山道教音乐

> 2006年，泰安市的"泰山道教音乐"被山东省人民政府列入第一批省级非物质文化遗产名录。2008年，泰山道教音乐被国务院列入第二批国家级非物质文化遗产名录。

泰安市地处山东省中部，因泰山而得名，寓"国泰民安"之意。自西汉初设泰山郡以来，至今已有两千多年的历史。泰山以"五岳独尊"称誉古今，积淀了中华民族五千年的历史文明，是华夏历史文化的缩影，也是中华民族的精神象征。

作为五岳之首，泰山自古便是方士活动的重要场所，是著名的道教"洞天福地"。泰山道教音乐始于北魏，北魏道士寇谦之率先将道士直诵改为乐诵，于北魏明帝神瑞二年（415年）撰《云中音诵新科之诫》20卷，其中就有道教音乐《华夏颂》《步虚声》，泰山道教音乐自此开始流行。

泰山道教音乐自诞生之日起，便融入博大精深的泰山文化之中，成为其重要的组成部分，一直传承于庙堂、民间，成为帝王封禅、祭祀和民俗活动的重要内容。相传，秦始皇以前就有72位君王到泰山举行封禅大典，而从秦始皇开始，又有12位皇帝相继到泰山或封禅，或祭祀，大大提升了泰山的地位，使之成为一座神山。而在民间信仰中，甚至出现了一个主管人"生"与"死"的泰山神——东岳大帝。

在帝王封禅的同时，东岳大帝的影响开始渗透到社会的各个层面。历代帝王与百姓对泰山的崇拜，对东岳大帝的虔诚信仰，为泰山道教和泰山道教音乐创造了良好的发展空间。伴随着泰山封禅和祭祀活动，泰山道教和泰山道教音乐也随之繁荣起来。

历代帝王对泰山的封禅是规格极高的盛大仪式，泰山道教音乐后来被加入封禅大典，成为封禅仪式的重要内容。这无疑大大提高了泰山道教音乐的历史地位和文化品位。泰山道教音乐在全面继承道教音乐庄重、肃穆、古朴、高贵、典雅的艺术风格的同时，还形成了雍容华贵的独特风格。这与泰山道教音乐长期参与封禅大典仪式是分不开的，这一具有深厚泰山文化底蕴的音乐形式在中国道教音乐形式体系中是非常罕见的。

泰山道教音乐的发展与东岳庙会有着密不可分的联系。东岳庙会，又称泰山庙会，源于汉，兴于唐，定型于宋，延续至今。它是中华民族庙会文化的重要源头，也是泰山道教音乐得以发扬光大的重要载体。

每逢当地举行盛大的庙会，道场和道教音乐均是必不可少的重要内容。东岳庙会既是庙堂文化的表征，又与民间文化融为一体。因此，泰山道教音乐作

图一　泰山道教音乐演奏

图二　泰山道教音乐谱集《玉音仙范》

为世俗化了的民间音乐,成为民间节日狂欢的重要内容。

据考察,中国北方几乎每个县都有泰山庙,并有不同规模的庙会、道场和道教音乐演奏。因此,遍布全国各地的泰山庙为泰山道教音乐的传播提供了广阔的空间,其辐射面之广,影响力之大,是无与伦比的。

泰山道教音乐在思想上崇尚美好的品德,在艺术上提倡自然、典雅的艺术品位,具有很高的历史价值、文化价值和艺术价值。

泰山道教音乐的曲目十分丰富。其在殿堂内演奏的是全真道统一的《十方韵》,其器乐曲为适应民俗活动的需要,广泛吸收人们喜闻乐见的民间音乐,逐步形成了一大批道教音乐曲目,仅音乐谱集《玉音仙范》就收录了100多首曲目,现在可演唱的曲目、岱庙馆藏曲目、散落于民间的曲目以及尚未破译的曲目共计约500首。这些曲目蕴含着中华民族特有的思维方式和文化意识,体现了民间音乐的生命力和创造力。

泰山道教音乐分为两大类:

一是声乐(经韵)。全真道的经韵主要有颂赞、步虚和偈,根据演唱场合与受众的不同分为阴调和阳调。阳调主要用于祀典,对象主要是"神";阴调主要用于外道场,对象是"人"。声乐(经韵)的演出形式有独唱、齐唱及散板式吟唱等，丰富多彩。

二是乐器伴奏。主要是用打击乐器（法器）及管弦乐器演奏相关乐曲，或在大型道场中烘托气氛。其中打击乐器（法器）主要用于内外坛道场演唱经韵时的伴奏。所用乐器有小镲、铛子、手铃、大小鼓、大小木鱼、大小磬等，其节奏形式分为三星板、五星板、七星板等。泰山道教音乐演奏时主要用七星板，节奏灵活多变，以切分音、附点音符的穿插运用为特点，又称"花板"。管弦乐器则主要有琵琶、阮、筝、二胡、扬琴等。

道教音乐的演奏形式多样，因用乐目的与场合的不同，乐器的排列位置与演奏方式也不尽相同。泰山道教音乐的演奏一般分为坐奏、行奏、立奏三种形式。内道场演唱经韵时多用坐奏，根据用乐目的场合的不同，演奏道人根据需要进行排列。外道场多采用行奏，即按照需要排列成队形，和着乐曲的旋律节拍有节奏地行进，在行进中演奏或演唱，一般节奏较舒缓；外道场也有立奏的，即道人依次站立演奏演唱，有独唱、齐唱及散板式吟唱等。演奏时道人均戴道冠，穿道袍，庄严肃穆。

图三　泰山道教音乐乐器

图四　泰山道教音乐传承

在漫长的发展进程中，泰山道教音乐广泛吸收民间巫觋祭祀音乐、宫廷祭祀音乐及民间音乐的精华，不断丰富完善，成为传统音乐的重要组成部分，是民间音乐文化的宝贵遗产。

泰山是中华民族自强不息的历史见证和民族精神的象征，同时也是世界自然与文化双遗产。作为泰山文化的重要组成部分，泰山道教音乐见证了中华民族古老辉煌的历史，并以开放的姿态全面继承中国道教音乐传统，广泛吸收宫廷祭祀音乐和民间音乐的精华，长期参与历代封禅大典，在演唱演奏上除了具有庄重、肃穆、古朴、深沉的特点外，还形成了气势恢宏、大气磅礴的艺术特色。泰山道教音乐既是庙堂的也是民间的，在庙堂和民间都拥有广泛影响。在泰山文化的孕育下，泰山道教音乐形成了自己独特的风格，丰富了泰山文化的内涵。

腊山道教音乐

2006年,东平县的"腊山道教音乐"被山东省人民政府列入第一批省级非物质文化遗产名录。2008年,腊山道教音乐被国务院列入第二批国家级非物质文化遗产名录。

东平县银山镇地处鲁、豫两省交界处,位居东平、阳谷、台前三县结合部,西依黄河,东临山东省第二大淡水湖——东平湖。腊山位于东平湖畔,有"小岱峰"之美称。汉末腊山道教兴起,经唐而盛,成为远近闻名的道教名山。腊山的北麓,松柏苍翠,风光秀丽,有一片清静幽雅的古建筑——"祥龙观",又称"三清观"。祥龙观在元、明、清几个朝代远近驰名,相传道教全真龙门派创始人丘处机来此修行期间,把腊山道乐与全真道《十方经韵》相结合,逐渐形成了风格独特和曲谱繁多的道乐体系,流传至今,这就是独具特色的民间音乐——腊山道教音乐。

腊山道教音乐由丘处机初创,由祥龙观十世祖杨清

图一　腊山道教音乐发祥地——祥龙观

荣传承发扬，经多世演练，逐渐形成了独特风格。杨清荣在腊山祥龙观筹资修建了乐台，为推动腊山道教音乐的传承创造了条件。杨清荣擅长演奏笙、管、笛、箫等乐器，发展了道教音乐。又经过历代道徒反复演练，逐渐形成自为一体的腊山道教音乐。在其兴盛时道徒多达300人，演奏时边舞边奏，常使用管弦乐伴奏。道徒们直接参与各种民俗活动，促进了腊山道教音乐的蓬勃发展，使之标新立异，独树一帜。第十六代传人祁合智、第十八代传人杜永奎、雪永琴等在原有音乐的基础上不断创新，融合了民间音乐艺术，为发展腊山道乐作出了贡献。

腊山道乐鼎盛时期，演奏者每逢庙会、山会期间，为赶会者演奏助兴。1949年后，开始在民间收徒传艺。1958年，道士杜永奎曾在祥龙观创办"腊山音乐大学"，招收学员200余人，主要传授道教乐曲和音乐演奏技艺。腊山道教音乐从明朝正德八年（1513年）至今已五百多年的历史，先后经历了多位全真道住持的精心演练，流传至今。

腊山道教音乐以吹打乐见称。吹奏乐器有小管、大管、唢呐、笙、笛、箫等，打击乐器有云锣、云鼓、磬、小铜板、铛子等。清末民初，道士祁合智用锡做成小管，又称锡管，长约20厘米，形似去掉铜碗的唢呐，被列为音乐的主要乐器。其弟子张教普对此乐器演练娴熟，吹奏技巧颇精，远近闻名。大管则用梧桐木雕琢而成，长35厘米，粗头筒径为5.5厘米，细头筒径为3.5厘米，音色雄浑、深沉激越，在腊山道教音乐乐器中颇负盛名。

腊山道教音乐演奏的曲牌很有特色。有的曲牌委婉悠扬，有的曲牌浑厚深沉，有的如行云流水，有的如沧海波澜。经过挖掘整理，腊山道乐现存曲牌有【临清歌】【小拜门】【打枣】【盘杠子】【柳金絮】【前奏曲】【清河柳】【二凡】【逗鹌鹑】【水锣音】【留青年】【登

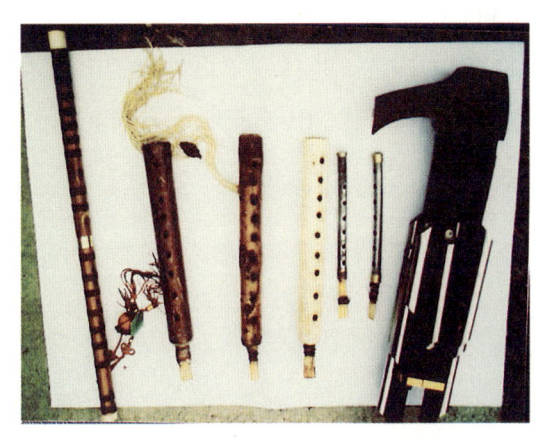

图二　腊山道教音乐乐器

图三　腊山道教音乐演奏

云路】【滚鼓令】【唐秀才】等。其中有些曲牌为道士即兴创作，例如道长杜永奎以东平湖景色为题材创作的【清河柳】，根据临清民间小调创作的【临清歌】，配合世人烧香还愿的【小拜门】，表现灾民逃荒要饭，身穿柳絮套成的破袄的悲惨景象的【柳金絮】等。

　　腊山道教音乐一般是在道观传道诵经时演奏，用以烘托殿堂内庄严肃穆的气氛，使世人顶礼膜拜；有时也在外出做道场时演奏。在道观、道场演奏时，道徒与道门俗家弟子均着道冠、道袍。后来婚丧嫁娶也请道教乐队，把道教音乐融入民间。随着时代的变迁、社会的需求，道乐也成为群众所乐于欣赏的民间音乐。

　　腊山道教音乐历史悠久，源远流长。作为东平历史文化的重要组成部分，腊山道教音乐以其独特的艺术风格和鲜明的地域特色，丰富了当地人的文化生活。腊山道教音乐除了在道观诵经时演奏，还会外出做道场，在山会、庙会演奏，为世人祈求平安，祝贺吉祥。在腊山古乐台上有一副对联："声遏行云，一曲升平千圣乐；歌翻白雪，五音调叶万民欢。"这不仅是对腊山道教音乐发展盛况的描述，也体现了百姓对腊山道教音乐的由衷喜爱和赞誉，更为腊山道教音乐在新时代的传承指明了方向。

海洋渔号（荣成渔民号子）

2009年，荣成市的"海洋渔号（荣成渔民号子）"被山东省人民政府列入省级非物质文化遗产扩展项目名录。

荣成是一个渔业大市，有着几千年的渔业生产历史。勤劳勇敢的荣成渔民在繁重的生产实践里，在与大海、大风、大浪的长期抗争中，创造出了极具地方民俗特色的海洋渔号（荣成渔民号子）。

海洋渔号（荣成渔民号子），最初被称为"劝力之歌"，有着悠久的历史，其源头可追溯到远古时代。那时候，没有先进劳动工具助力的渔民先祖为了生存，只能团结起来，相互扶持。为了使大家心往一处想，劲往一处使，便创造了简单的海洋渔号（荣成渔民号子）。明代初期，荣成沿海的海洋渔号（荣成渔民号子）已经形成了一定的句式和调式，但仍然比较简单，种类也很少。清代以来，渔民们在劳动生产过程中，积累了丰富的生产经验，也不断创出新的渔家号子。正是在繁重的渔业劳动中，原先简单的音节、无调式的号子逐步演变为有调式、有唱词、多种类的海洋渔号（荣成渔民号子）。

随着时代的发展，生产内容的增多和劳动规模的扩大，海洋渔号（荣成渔民号子）也在不断变化和发展。在20世纪50年代，海洋渔号（荣成渔民号子）最为兴盛。海洋渔号（荣成渔民号子）是在劳动中产生的，拉船、摇橹、拉

图一　荣成渔民

网、蹬船、打橛等劳动都需要很多人共同付出繁重的体力才能完成，渔民们便根据劳动要求和操作经验，创作出一系列用于不同劳动类型、不同环境、不同场所的劳动号子。这些劳动号子的音乐性、节奏性与生产情景紧密相连，形成了风格各异、旋律多变、喊唱交替的海洋渔号（荣成渔民号子），并在渔民中一代代流传至今。

海洋渔号（荣成渔民号子）是荣成当地极具风格的民俗文化，具有协调生产、鼓舞情绪的实用性。渔民们在与风浪搏斗的过程中，为达到振奋精神、形成合力的目的，往往通过各种号子凝聚力量，激发斗志。劳动强度小、动作幅度不大时，所唱出的号子优美动听，节奏舒缓，发挥了号子调节精神的功能；劳动强度大时，所吆喝的号子粗犷豪迈，浑厚有力，节奏性强，发挥了号子指挥劳动的功能。而在面对狂风恶浪时，唱号子的人则会以惊天动地、刚劲浑厚的呐喊来表现人们的勇敢和抗争精神。

除此之外，海洋渔号（荣成渔民号子）的表现形式也是丰富多样的。根据节奏和气氛可分为"大号子"与"小号子"，大号子是刚劲浑厚、铿锵有力、粗犷豪迈、气吞山河的呐喊，如救险号子、摇橹号子；小号子是欢快流畅、委婉动听、诙谐幽默的吆喝或歌唱，如拉网号子、丰收号子。不论哪种号子，都体现了渔家人豪迈的性格。不仅如此，荣成渔民号子还有喊唱交替、即兴发挥的灵活性。主要有"一领众和"式、"二部轮唱"式和"齐声复唱"式。领唱者称为"海口"，和者为"应号"。在变化多

图二　海洋渔号（荣成渔民号子）传承

样的曲调里，一般以各种语气词作为歌词，有的也填有简单的、表现劳动内容和演唱者心情的词语；有的则即兴配词，尽情发挥。当地不少渔船都沿袭着各自船上的唱词或调式，所以渔船归港时，即使看不清渔船，也可通过渔号子判断是谁家的渔船回来了。

如今，海洋渔号（荣成渔民号子）的代表人物是家族几代居住在瓦屋石村的李永喜，他们家族世代以海上捕捞为生，对海洋渔号（荣成渔民号子）如数家珍。荣成海洋渔号（荣成渔民号子）发展至今，基本上可分为三大类型：

第一类是拼命号子（也称生死号子）。这种号子是渔民在海上遇到风暴、顶风逆流时使用的。其节奏激烈紧张，短促铿锵，沉稳坚定，声嘶力竭，具有极强的震撼力，令人感到惊心动魄。因多用于迎风顶浪的情况，因此不易张大口型，多采用闭口音的字。顶流号子、迎风号子、救险号子、摇橹号子等均属拼命号子。

第二类是自由号子（也称一般号子）。这种号子多在出海、拉大船、蹬船、拉网时使用，需根据不同的作业种类采取不同的节奏，总体上节奏相对平稳，不慢不快，一般采用"一领众和"式。领唱者的声音洪亮，使整套号子听上去极有力度，响亮而悠扬。这类号子多带有说词，如推船号："一二一呀，力要齐呀，使劲推呀，出海去呀！"撑帆号子："哎伊来哟，握紧绳呀哎，使劲拽呀，把篷撑呀！趁好天呀，多打鱼呀，鱼满舱呀，有钱粮呀！"蹬船的号

图三　海洋渔号（荣成渔民号子）展示

子："左后角加把劲儿，右后角别服气儿，当中间儿加把油！"更难能可贵的是，有些号子里还有提醒大家注意安全的内容，如"带眼神呀，注意手呀，看着脚呀，别踩绳啊"。在近海养殖区打橛时，主要用两种号子，一是往里打橛时用的快节奏的号子，二是起杆时用的较为缓慢的号子。这两种号子都属于自由号子，它们唱词简单，铿锵有力，如"嗬来嚎，嘿——嚎"。

第三类号子是抒情号子（也称欢乐号子）。这类号子多在渔船回港时使用，由于劳动强度的变化，多采用领与和交替进行的方式，可增进相互间的配合与情感交流，调节情绪。这类号子也可在渔民丰收的时候使用，彼时渔民们迎着晚霞，摇着鱼虾满舱的船只，高声唱着抒情号子，尽情抒发丰收的欢乐。抒情号子旋律优美，流畅欢快，带有明显的歌唱风格，极具浪漫色彩。

作为曾广泛应用于渔业生产的民间音乐，海洋渔号（荣成渔民号子）不仅对人们今天研究渔业生产的历史及区域特色文化有着重要价值，而且以其丰富多变的节奏、旋律及唱词，成为当代音乐创作取之不尽的丰富资源和宝贵财富。

满 江 红

> 2006年，日照市东港区的"满江红"被山东省人民政府列入第一批省级非物质文化遗产名录。2008年，包括"满江红"在内的"鲁南五大调"被国务院列入第二批国家级非物质文化遗产名录。

"满江红""玲玲调""大寄生草""淮调""大调"合称"鲁南五大调"，作为"五调"之首的满江红，是流行于日照市东港区及其周边地区、特别是沿海一带的民歌。

东港区历史悠久，文化灿烂，境内有龙山时代的两城镇遗址，汉代的海曲汉墓、海曲县城故址等。正是如此深厚的文化底蕴和悠久的历史传承使得满江红有着特殊的韵味。它曲调优美细腻，通俗易懂，易演易唱，既有江南丝竹音乐的风格，又有日照本地的文艺元素，素有"细曲""雅歌"之称。又因其填词随意，演唱不拘一格，东港耍旱船时也多唱此曲，故也有"旱船调"之称。

据记载，东港满江红的传唱可追溯到元曲中的小令和明清小曲。在明清时期的《曲律》《白雪遗音》等著作中，都能找到满江红的印迹。

日照石臼一带的沿海渔民，靠捕鱼和海运为生。当地渔民大多以家庭为单位，结伴驾船到吴淞口、黄浦江一带做海运生意。这种以家庭为单位的船，被当地人称为"家小船"，意思是一家老小都在船上生活。在海上漂泊数日后，停泊在目的地——黄浦江畔，晚上点上灯笼，众亲朋好友、生意伙伴相聚船上，煮酒消遣，酒兴酣至，不免吟唱满江红助兴。众人即兴拿起餐桌上的筷子、碟子、酒盅等敲打伴奏，配上洞箫、二胡、三弦等乐器，或独唱或对唱，所唱内容以《梁山伯与祝英台》《白蛇传》等表现男女爱情的故事为主。至民国初年，日照繁荣的海运经济使满江红更为成熟，形成了独树一帜、自成一体的演唱形式。

满江红作为民歌套曲，传唱历史悠久，加之人们在传唱中不断加工修改，使其曲调、风格及演唱形式都不断发展，逐步形成了集主曲与夹曲于一体、回旋变奏、统一完整的艺术形式。

主曲共分为六个部分和一个尾声，其中第一、二、六部分为单乐段，第三、四、五部分为复乐段，主曲后面有一个七小节半的过门贯串全曲，称为"夹曲"。主曲舒缓抒情，古雅优美；夹曲轻快活泼，节奏多变，情感表达淋漓尽致，与主曲形成鲜明对比，但仍以主曲为主导。主曲与夹曲在调式上有所不同：主曲多为商调式，而夹曲有宫调式、徵调式。夹曲多是当地流传的小调，如【述罗】【小郎调】等民族五声宫调式，轻快活泼，节奏多变。

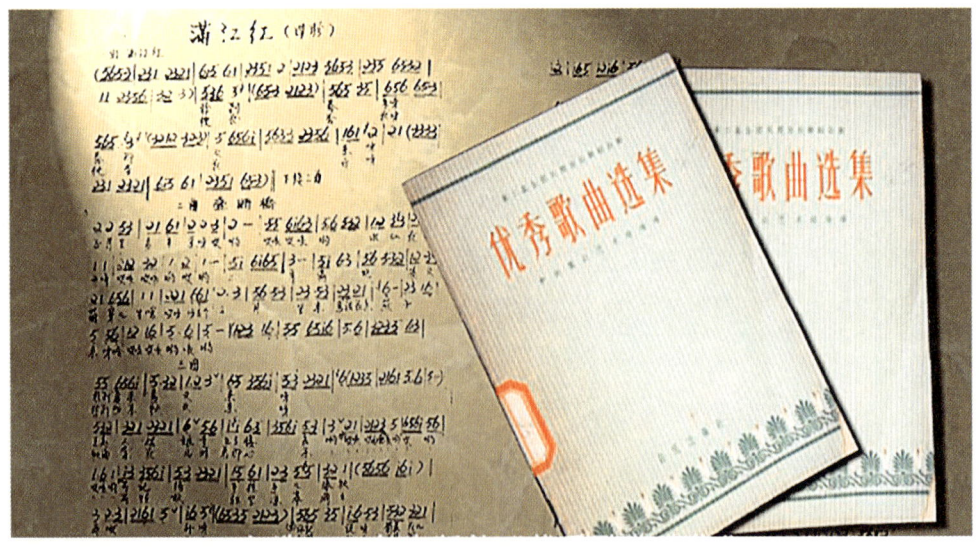

图一 《四盼》曲谱

图二 满江红表演

1956年，当地文化工作者整理出了《四盼》这一满江红代表曲目。1957年，石臼民歌手刘克山、徐子茂等人演唱的《四盼》轰动了首都，使满江红受到了全国人民的关注。

《四盼》写的是"四季之盼"，全曲唱词是按盼春、盼夏、盼秋、盼冬的顺序，通过各月所开之花组织起来的。全曲表达了一个少女对远方恋人的思念，流露出一种淡淡的愁绪。曲牌之间，在素材使用上并没有直接关联，一、三、六曲的某些音调中，有些近似的东西。全曲统一用一个调高（E调），但一、三、六曲为商调式，二、四曲为徵调式，五曲为宫调式。就音乐的节奏而言，二、四、五曲颇明快、欢畅，一、三、六曲较柔婉，形成曲牌风格的多样性。

在全部六个曲牌中，【叠断桥】是民间音乐中使用得最普遍的常用调子之一。所谓"叠""断"，是指在歌腔中"正词"之腔与"衬词"之腔的相互穿插运用，形成了两种腔的相互"隔断"；所谓"桥"，是特指"衬腔"无意中成了连接两个"正词"之腔的"桥"。总之，【叠断桥】是一个与乐曲结构相关的曲牌称谓。

图三　满江红进校园

从《四盼》中"六曲"的歌词,也可看出其艺术风格:

一曲(主曲):盼到春来呀,春那又来呀,桃花杏花呀,桃杏花开呀。

二曲(叠断桥、夹曲):正月里来多风采呀哎哟哎咳哎咳哟,水仙花儿开呀哎哟哎咳哎咳哟,二月满地萌又萌芽儿生嗳哎呀呀支个,三月里来鸟语花香,燕子来呀哈哎咳咦咳哟咳哟。

三曲(主曲):盼到夏来夏又来呀,玉美人姑娘走上了楼台哟,(齐)哎咳哎咳哎咳哟哎哟哎咳哟,(独)可记得手拉手儿,缘秋亭哎外呀,(齐)你就说呀,菊黄花儿开放,你就回来呀。盼到秋来秋又来呀,秋海棠花儿对着那心呆哟,(齐)哎咳哎咳哎咳哟哎哟哎咳哟,(独)可怜奴独坐凉亭,闷闷心哎怀呀,(齐)忽想起呀,月儿圆桂花香,郎就回来呀。

四曲(述罗、夹曲):四月里来绿汤汤,玉簪花儿开,五月端阳石榴花儿开,依栏杆单只见,窗外游人多么畅快呀哈哎咳哎咳哟咳哟。六月时热难挨,荷花满池开,双双金鱼水皮上来浮摆,扶蓬台望秋风,盼郎在回来呀哈哎咳哎咳哟咳哟。

五曲(小郎调、夹曲):七月初七巧有安排,玉兰花儿开,打扫(那个)秋亭,也来看花开,等着那郎回来呀哥哥来。八月初一雁门开,桂花儿来。九月(那个)重阳菊黄花儿开,等着那郎回来呀哥哥来。

六曲（主曲）：春去夏过秋到冬又来呀，天长日久水仙花儿开哟哎咳哎咳哎咳哟哎哟哎咳哟，可怜奴红绫罗被，没有郎来盖呀盖呀，郎呀郎呀，妻盼郎君早日回来哟。

满江红传承数百年，不仅是渔民庆祝丰收、祈求平安的表达形式，传达了人们美好的愿望；更因其独特的演唱形式及词曲格式，对于研究民间音乐的发生、发展和沿革起着不可或缺的作用。

当地满江红表演队伍经常参加文艺演出，丰富了群众文化生活；中小学也开设了相关课程，培养学生兴趣，使这一民间艺术形式在实践中得以传承。

岚山渔民号子

> 2006年,日照市岚山区的"岚山渔民号子"被山东省人民政府列入第一批省级非物质文化遗产名录。

位于鲁东南地区的日照市岚山区属于古东夷地区,这里东临黄海,独特的地理位置孕育了富有地方特色的岚山渔文化,岚山渔民号子就是其中的杰出代表。

千百年来,渔民在与风浪的搏击中,需要凝聚众人的力量,统一劳动节奏,于是就产生了各种劳动号子。岚山渔民号子是随着沿海捕捞业的发展而在渔民中世代相传的民间音乐,它在发展的同时不断吸收各地号子的优点,最终形成了独特的地方韵味。过去在苏北、鲁南一带流传着"青口的棹,岚山的号"的说法,可见当时岚山渔民号子的影响力。

图一 喊号子的渔民

岚山渔民号子

> 2006年,日照市岚山区的"岚山渔民号子"被山东省人民政府列入第一批省级非物质文化遗产名录。

位于鲁东南地区的日照市岚山区属于古东夷地区,这里东临黄海,独特的地理位置孕育了富有地方特色的岚山渔文化,岚山渔民号子就是其中的杰出代表。

千百年来,渔民在与风浪的搏击中,需要凝聚众人的力量,统一劳动节奏,于是就产生了各种劳动号子。岚山渔民号子是随着沿海捕捞业的发展而在渔民中世代相传的民间音乐,它在发展的同时不断吸收各地号子的优点,最终形成了独特的地方韵味。过去在苏北、鲁南一带流传着"青口的棹,岚山的号"的说法,可见当时岚山渔民号子的影响力。

图一 喊号子的渔民

六曲（主曲）：春去夏过秋到冬又来呀，天长日久水仙花儿开哟哎咳哎咳哎咳哟哎哟哎咳哟，可怜奴红绫罗被，没有郎来盖呀盖呀，郎呀郎呀，妻盼郎君早日回来哟。

满江红传承数百年，不仅是渔民庆祝丰收、祈求平安的表达形式，传达了人们美好的愿望；更因其独特的演唱形式及词曲格式，对于研究民间音乐的发生、发展和沿革起着不可或缺的作用。

当地满江红表演队伍经常参加文艺演出，丰富了群众文化生活；中小学也开设了相关课程，培养学生兴趣，使这一民间艺术形式在实践中得以传承。

喊号子在当地被称为"打号子",一般由船老大下令,一个号子手领号,其他渔民唱和。打号子时常用到各种语气助词,如"啊""嗨嗷""呦""哎""啦""安"等。岚山号子特征明显,不管在什么海域,只要听到这种号子,就可以知道是岚山的渔船到了。由于当地渔民的劳动类型多种多样,岚山渔民号子也有不同的喊法,主要有下面几类:

1.成缆号:过去渔船上的缆绳是以稻草、竹条、麻等为原材料纺成的,每一股称一匹,三匹合为一根缆绳。成缆号即是在纺缆绳过程中喊的号子。渔民伴着号子,用吊子(指拧绳用的纺车)将原材料绞织成绳。开始时节奏舒缓,随着缆绳愈拧愈紧,节奏愈来愈快,直至缆绳最终成型。成缆号以五声音阶为主,呈羽调式。

2.箍桩号:桩是海上作业时用来固定网具的工具,为保证足够的深度,通常把两根木棒用钢丝箍在一起,用锤子敲打结实,边敲边打号子。打箍桩号时,要随着敲打的节奏,逐渐加快,有呼有应。其旋律流畅,节奏轻快,诙谐动听。

3.拿船号:渔船出海前需要把船从岸上拉到水中,而休渔时则要把船从水中拉到岸上来养护。拿船号就是拉船下水或上岸时所打的号子,打拿船号时,由于船体过重,拉船人需要竭尽全力,因此号子要打得强劲有力,听起来底气十足。

4.推关号:推关号是用绞车起锚或起网时所打的号子,中速较快,富有节奏,唱起来朗朗上口。

5.张篷号:张篷号是渔船航行前升帆时打的号子。过去风船所用的帆一般用白色的布做成,用赭树皮染成深棕色,每张帆加上篷条,重者几百斤,轻者数十斤,加上升帆时受风的阻力,需要几个渔民在号子的协调下一致动作,张篷远行。打张篷号时,速度接近小快板。

6.撑篙号:船在浅海区航行时,需用竹篙撑船行走,一般来说,小船四支篙、大船六支篙,竹篙长约6米,撑篙时需要用很大力气,因此,撑篙号悠长而低沉,以中速为主,爆发力强。领号的每句结束时,带有下滑音,给人一种荡气回肠的感觉。

7.棹棹号：棹棹号是海上无风时，渔民用桨划船时所打的号子。每船一般四把棹，四人合打。棹棹号速度适中，节奏感很强。

8.打户号：渔民在渔场固定网具时，要用一杆套筒（俗名叫"斗"）把木桩打入水底浅滩中，称为"打户"。打户号就是打户时所打的号子，短促有力，反复循环。

9.溜网号：溜网是将入网的鱼虾提出水面并装入船舱的过程。由于鱼货过重，需要多人合作。打溜网号前，领号手往往要喊一句"哎哟，梳过来吧"，然后开始打号子。由于收获在即，打溜网号时多充溢着喜悦的心情，因此溜网号悠扬轻快、节奏舒缓、领唱高、和唱低，听起来委婉、优美、十分动听。

10.悬斗号：悬斗号是渔民打户完成后，提斗上船时打的号子，与溜网号同。

11.掏鱼号：掏鱼号是渔船满载而归后，渔民们用掏鱼的工具将鱼货从船舱里掏出来时，配合劳作所打的号子，节奏中速。

12.点水号：帆船出海或靠岸时，渔民都会用水砣子（绳长20米，底坠5～10斤重的铅角）或长6米的竹竿测量水深和水底状况。浅水测量用竹竿，测量的单位一般用节，节数越多水越浅；深海测量则用水砣子，测量单位用庹（tuǒ），庹数越大，水越深。点水时打的号子就叫点水号。点水人通常报"××节啦"或"××庹啦"，以此来判断水深状况。

岚山渔民号子有的急促、有的轻缓，有的高昂、有的低沉，时长时短、时紧时松，从而以其优美的旋律、高亢的音调、独特的韵味成为当地渔文化的重要组成部分。尤其是在繁重、危险的渔业生产中，岚山渔民号子起到了协调劳动、增进团结的作用，长期以来深受广大渔民的喜爱。

岚山渔民号子产生于集体劳动中，堪称音乐史上的活化石。如

图二　祭海仪式上的岚山渔民号子

图三　岚山渔民号子演出

今，岚山渔民号子赖以依存的生产条件虽然发生了很大的变化，但作为一种音乐艺术，这份民间文化遗产在当地得到了系统的保护和传承。

　　岚山渔民号子从本质上体现了自古以来岚山劳动人民面对险恶的自然环境时所表现出来的不屈不挠的抗争精神。对岚山渔民号子的保护不仅仅是对传统文化的传承，更是对劳动人民勤劳勇敢优秀品质的传承。

郯马五大调

> 2006年，郯城县的"郯马五大调"被山东省人民政府列入第一批省级非物质文化遗产名录。2008年，被国务院列入第二批国家级非物质文化遗产名录。

"郯马五大调"在当地也被称为"淮调""五大调""郯马调"，是活跃在山东临沂郯城县的一种民间曲调。其流传中心主要为郯城县的郯城街道、马头镇，余韵遍及整个鲁东南，甚至传播到鲁北广饶和江苏连云港等地。郯马五大调旋律委婉圆润，节奏平实徐缓，歌词高雅隽永，多以叙事的形式讴歌自然风光和人际情谊，受到了人们的普遍喜爱。

郯马五大调历史悠久，其中"满江红""淮调""大寄生草"等歌调远在元、明两代就有了。关于五大调的来源，不同的人有不同的说法。有人说它是在明朝时从云南、贵州传来的；也有人说它是在明清时期从江苏扬州一带传入的；而郯城县高峰头镇的清末逸士、老道人王宗贤生前撰文说："大凡腔调，昆、乱、皮、簧、梆、柳、小曲，皆有发源之地。淮调之歌，源出于淮安府，移植北方。据我所知，已二百余载。"根据他的说法，五大调源于"淮安府"。除此之外，还有人说五大调是由元曲演变而来的。从五大调的题材、曲调、演唱形式分析，五大调和清代流行于扬州的"扬州小唱"（扬州清曲）十分相似，由此推断，这种说法还是有道理的，五大调的源头应是由元曲中的小令、散套演变而成的明清小曲。它所包含的"满江红""寄生草"等曲调在明清时期的《曲律》《白雪遗音》等著作中都能找到印迹。

郯马五大调传入郯城的主要途径是水路交通和商贸活动。郯城县马头镇位于沂河岸边,在明清时代是一个商业重镇,这里商贾众多、店铺林立,借助沂河水运经邳州入京杭大运河,北可通京津,南可达江浙,商贸活动十分频繁。据专家推断,是众多的客商把江浙一代的民歌带到了马头。郯马五大调从外地传入以后,与当地风俗文化相结合,受当地方言的影响,形成独具特色的郯马五大调。

郯马五大调传入以后吸引了大批青年关注,也得到了一些老人的喜爱,他们纷纷组织青年学唱、演唱郯马五大调,并自发成立了玩友社、乐合班、同乐会等班社;当地的商家和士绅也很喜欢五大调,他们认为五大调比较高雅,在堂会和各种庆典上也会请郯马五大调艺人去演出;当地的一些文人学士更是对五大调十分关注,好多人为郯马五大调填上了新的歌词,这些歌词反映了当地的民俗风情和当时的社会现实,更加受到群众的欢迎。就这样,郯马五大调在这一带发展、兴盛起来。

图一　老艺人切磋技艺

图二 群唱

　　郯马五大调包括"淮调""大调""玲玲调""满江红"和"大寄生草"等五种曲调。据说除"玲玲调"外，其余四种曲调均由江淮地区传入。这五种曲调又包含了"五景""五盼""七多""七赞""八恨"等曲目。"五景"即春景、夏景、秋景、冬景、总景；"五盼"即盼佳期、盼才郎、盼冤家、盼情书、四盼；"七多"即送多情、想多情、遇多情、盼多情、会多情、思多情、梦多情。"七赞"即孔明赞、孟德赞、三国英雄赞、楚霸王赞、耕读渔樵赞、春光赞、肉头[①]赞。"八恨"即恨别离、恨当初、恨冤家、恨薄情、恨爹娘、恨家人、恨薄命、烟花恨。

　　郯马五大调题材广泛，有反映一般社会生活的，也有历史传说和民间故事，还有以文学名著为题材的，但最突出的还是表现女子思郎盼夫的作品。

　　郯马五大调歌词典雅秀丽，刻画细腻，辞藻考究。在音乐上除了结构较为复杂以外，在格调上古朴雅致，纤细秀丽。旋律婉转曲折，擅用拖腔，字少腔多，一唱三叹，与一般民歌有很大不同，被人们称为"雅歌、细曲"。

　　郯马五大调的音乐结构有两种：一种是"夹曲体"，另一种是"主曲

---

① 肉头，郯城方言，指富有而吝啬的人家。

体"。"夹曲体"又有三种类型:一种是主曲与夹曲相间穿插、轮番交替,这是一种具有典型意义的类型。第二种是夹曲集中在主曲的中部,如满江红中的《水斗》,中部夹用了【凤阳歌】【述罗】【叠断桥】【小郎调】四曲。此曲虽属夹曲的类型,但又兼有联曲的特点。第三种是夹曲出现在主曲的尾部,如大调《葡萄架》、大寄生草《轻轻来到葡萄架》等。第二和第三种可视为非正规的夹曲类型。"主曲体"亦有三种类型:一种是"轻板",另一种是"叠板",再一种是"带把"。"轻板"就是各种大调的基本曲调,这些曲调有的是一曲到底,多次变化重复(有的前有"起板"而后有"落板")。也有的是多段组合,但也常常含有变化重复的成分。如满江红《一匹绸》、淮调《耕读渔樵》、大寄生草《华容道》等。"叠板"即在轻板的基础上嵌入"叠子句"或"垛子句"。"带把"即在各段基本曲调尾部,加一个由五个字构成的歌词短句及其曲调。这个短句及其曲调,在内容及音乐上都有一定的概括性,所以被人们称为"把"。

郯马五大调的演唱形式有"坐唱"和"群唱"两种。"坐唱"流行于郯城等地,演唱者一人或二人,伴奏以三弦为主,其他乐器如二胡、柳琴等可有可

图三　敲酒盅

无，可增可减，演唱与伴奏者围桌而坐，其演唱形式类似一般曲艺。"群唱"时数人至十数人不等，围拢一起或横排为两行，部分演唱者手持乐器，除了吹管乐器之外，边演唱边伴奏，有的吹，有的拉，有的弹，有的打。尤其敲击酒盅、碟子、碗等，不仅音响清脆动听，而且姿势优美，形式活泼，别具一格。参加演唱的多是渔民和农民。

郯马五大调阴柔、阳刚之美兼具，演唱形式独特，还有很强的地域性，不仅对研究古代音乐的乐谱、唱腔及歌词创作有着重要意义，而且对于研究山东地区，特别是沂蒙山区古代的社会生活状况也有极高的价值。

沂蒙山小调

2006年,费县的"沂蒙山小调"被山东省人民政府列入第一批省级非物质文化遗产名录。

《沂蒙山小调》是山东省最脍炙人口的民歌。山东位于中国东部沿海、黄河下游,有3000多公里黄金海岸,四季分明,风光秀丽,历史悠久,是中华文明的重要发祥地之一。俗话说"一方水土养一方人",山东这块美丽富饶的

图一 沂蒙山风景

土地孕育了优美动听的山东民歌。山东民歌具有质朴、淳厚、风趣等特点,体现了山东人民朴实、忠厚的性情,而在山东民歌中,往往以生活小调最为突出。《沂蒙山小调》便是这些生活小调的一首。

1940年至1941年,是我国抗日战争最困难的阶段。位于费县北部山区的蒙山第三高峰——望海楼山下的薛庄镇白石屋村,虽然贫穷而偏僻,但群众基础好,且安全隐蔽,是革命老区的堡垒村,中国人民抗日军政大学第一分校就驻扎在这里。当时,敌人经常骚扰破坏革命根据地,并组织黄沙会与抗日军民对抗。我党和抗日民主政府对黄沙会会首和其骨干作了大量艰苦细致的工作,均未奏效,最终决定以武力解决。为配合这一行动,抗大一分校文工团以文艺宣传为武器,一面到前线开展政治攻势,一面深入到黄沙会最盛行的沙沟峪、马头崖进行调查研究和宣传教育,同时搜集创作素材。阮若珊同志、李林同志在1939年跟随抗大一分校从延安到山东来的途中,听一位山东老乡唱过一首民歌,当时他们觉得很好听、很好学、很好唱,就记了下来。为了配合打击黄沙会的行动,他们根据那首民歌创作了《反对黄沙会》。歌词共分八段——"人人那个都说沂蒙山好,沂蒙那个山上好风光。青山那个绿水多好看,风吹那个草低见牛羊。自从那个起了黄沙会,家家那个户户遭灾殃。牛鼻子那个一吹嘟嘟地响,强人那个青人上山冈。硬说俺那肉身子能挡枪炮,谁知道子弹穿过见阎王。装神那个弄鬼把人害,烧香那个磕头骗钱财。八路那个神兵从天降,要把那些害人虫消灭光。沂蒙山的人民得解放,男女那个老少喜洋洋。"后来,经过他们的填词,这首山东民歌广泛地流传开来。这就是《沂蒙山小调》的前身。

关于《沂蒙山小调》的原型,有关专家进行了考证,他们在山东省境内发现了六首和《沂蒙山小调》极为相似的民歌,经过对比,德州的《对花》最像《沂蒙山小调》,这两首歌差别甚微,可以说《对花》就是《沂蒙山小调》的原型,由此可见,《沂蒙山小调》是地地道道的山东民歌,它是在山东民歌的基础上填词而成的。

长期以来,人们一直喜爱这首《沂蒙山小调》,并随着形势的发展,不断

沂蒙山小调

2006年，费县的"沂蒙山小调"被山东省人民政府列入第一批省级非物质文化遗产名录。

《沂蒙山小调》是山东省最脍炙人口的民歌。山东位于中国东部沿海、黄河下游，有3000多公里黄金海岸，四季分明，风光秀丽，历史悠久，是中华文明的重要发祥地之一。俗话说"一方水土养一方人"，山东这块美丽富饶的

图一　沂蒙山风景

067

土地孕育了优美动听的山东民歌。山东民歌具有质朴、淳厚、粗犷和诙谐、风趣等特点，体现了山东人民朴实、忠厚的性情，而在山东民歌的种种类型中，往往以生活小调最为突出。《沂蒙山小调》便是这些生活小调中极为优秀的一首。

1940年至1941年，是我国抗日战争最困难的阶段。位于费县北部山区的蒙山第三高峰——望海楼山下的薛庄镇白石屋村，虽然贫穷而偏僻，但群众基础好，且安全隐蔽，是革命老区的堡垒村，中国人民抗日军政大学第一分校就驻扎在这里。当时，敌人经常骚扰破坏革命根据地，并组织黄沙会与抗日军民对抗。我党和抗日民主政府对黄沙会会首和其骨干作了大量艰苦细致的工作，均未奏效，最终决定以武力解决。为配合这一行动，抗大一分校文工团以文艺宣传为武器，一面到前线开展政治攻势，一面深入到黄沙会最盛行的沙沟峪、马头崖进行调查研究和宣传教育，同时搜集创作素材。阮若珊同志、李林同志在1939年跟随抗大一分校从延安到山东来的途中，听一位山东老乡唱过一首民歌，当时他们觉得很好听、很好学、很好唱，就记了下来。为了配合打击黄沙会的行动，他们根据那首民歌创作了《反对黄沙会》。歌词共分八段——"人人那个都说沂蒙山好，沂蒙那个山上好风光。青山那个绿水多好看，风吹那个草低见牛羊。自从那个起了黄沙会，家家那个户户遭灾殃。牛鼻子那个一吹嘟嘟地响，强人那个青人上山冈。硬说俺那肉身子能挡枪炮，谁知道子弹穿过见阎王。装神那个弄鬼把人害，烧香那个磕头骗钱财。八路那个神兵从天降，要把那些害人虫消灭光。沂蒙山的人民得解放，男女那个老少喜洋洋。"后来，经过他们的填词，这首山东民歌广泛地流传开来。这就是《沂蒙山小调》的前身。

关于《沂蒙山小调》的原型，有关专家进行了考证，他们在山东省境内发现了六首和《沂蒙山小调》极为相似的民歌，经过对比，德州的《对花》最像《沂蒙山小调》，这两首歌差别甚微，可以说《对花》就是《沂蒙山小调》的原型，由此可见，《沂蒙山小调》是地地道道的山东民歌，它是在山东民歌的基础上填词而成的。

长期以来，人们一直喜爱这首《沂蒙山小调》，并随着形势的发展，不断地修改它、充实它、完善它。后来便渐渐改了反对黄沙会的词句，换上了抗日救国、反对投降的内容，如揭露汉奸的"勾结鬼子来'扫荡'，奸淫烧杀丧天良"等，注入了更强的时代精神。1949年以后，经过群众的不断加工修改，这首民歌才成了今天歌颂沂蒙山区风光的民歌——《沂蒙山小调》，而费县就成了最早唱响《沂蒙山小调》的地方。

《沂蒙山小调》是标准的四句体民间小调，并完全符合了旋律进行的"起、承、转、合"。因此旋律进行十分舒展、稳定、庄重、大度，像北方建筑那样牢固，像沂蒙山那样挺拔，像沂河水那样舒展。

《沂蒙山小调》流传至今已有悠久的历史，1949年以来，各级政府对《沂蒙山小调》进行了多次发掘、整理，取得了一定的成果，但随着社会的不断发展，人们的文化生活日益丰富，对文化生活的需求也在不断提高，各种媒体的普及给民间传统音乐带来了很大的冲击，学习民间音乐的人越来越少，会唱以前的《沂蒙山小调》的人也越来越少，现在传唱的版本均是在以前的《沂蒙山小调》基础上改编创作的，现在只有少数人会唱以前的《沂蒙山小调》，而且大部分人都年事已高，作为民间的、乡土的、最本质的音乐——《沂蒙山小调》急需得到拯救。面对这一棘手的情况，费县文化志编

图二 沂蒙山小调诞生地

图三　沂蒙山小调的碑刻图

纂办公室专门成立了《沂蒙山小调》发掘整理小组，对《沂蒙山小调》进行重点发掘、整理和保护。当地政府在李林和阮若珊对山东民歌填词，唱响《沂蒙山小调》的地方建立纪念碑和纪念亭。当地文化部门还推荐费县原生态歌手彭艳辉参加山东（国际）文化产业博览会，作为"山东大嫂"的形象代言人演唱《沂蒙山小调》。

　　《沂蒙山小调》是一首由群众口口传唱而流传下来的民间小调，它是山东民歌的典型代表。很多优秀的歌曲和器乐曲都是根据《沂蒙山小调》改编创作的，如歌舞剧《沂蒙颂》的音乐、吕剧《补天》的音乐、大型民族交响乐《沂蒙畅想》、柳琴独奏曲《春到沂河》，等等。《沂蒙山小调》在不同时期被填写上不同的内容，激励了一代又一代人来保卫、建设我们的家乡。直到今天，它又被填写上了歌颂沂蒙风光的内容，唤起我们建设家乡的豪情壮志。

临清架鼓

2006年,临清市的"临清架鼓"被山东省人民政府列入第一批省级非物质文化遗产名录。

临清是历史文化名城,位于鲁西北卫运河畔,早在明代就被称为"齐鲁要塞",是江北五大商埠之一。悠久的运河文化,为临清留下了众多的文化遗

图一　二十八宿长鼓

图二　小排鼓

产，临清架鼓便是其中的佼佼者。临清架鼓主要分布于城区西北部的先锋路街道办事处大桥村。临清位于山东省西部，辖12个镇、4个街道办事处，人口80多万。境内地势平坦，有三条河流流经：卫运河自西南向东北，沿西部边境而过；古运河由东南向西北，从中部穿过；马颊河自西南向东北，沿东部边境而去。大桥村民风淳朴，村民对架鼓十分喜爱并世代相传。

临清架鼓是一种纯打击乐合奏的民间音乐形式，一般由二十四面鼓、八面点锣和两面大锣组成，气势磅礴雄伟，节奏丰富多变，鼓声洪亮威武，故临清架鼓会又有"威武会"之称。

"架鼓"原名"助阵鼓"，又名"羯鼓"，起源于东汉末期，最初是为大将助阵扬威的。架鼓流传到唐末，李克用又有新的发展，他以鸣锣击鼓发号施令，摆下二十八宿大阵，设下四面埋伏。他以点鼓示警，告知将士们，敌人已经进入二十八宿阵；用长鼓暗示将士们查探敌情，摸清对方的虚实；以小排鼓点号令左阵角三千伏兵冲击杀敌；如不能制胜，就用滚鼓号令，四面埋伏一起出动，发挥二十八宿大阵的作用。宋太祖赵匡胤统一全国后，搜集战败国文化，将助阵鼓留在宫中作为御用品，助阵鼓演奏逐渐演变成宫廷文化。

1763年，乾隆皇帝乘龙舟沿运河下江南，船经临清时龙旗招展，鸣锣击鼓以示龙威。有一伙码头工人听着鼓声悦耳，甚为好奇，便尾随龙舟暗学鼓技，茶余饭后，以击鼓为乐。到民国初期，洪鹤岭发起并组织群众购置锣鼓，在家里夜夜传授鼓技，临清才有了真正的架鼓会。临清建立了各种庙会、架鼓会，但只有洪鹤岭创立的架鼓会传承至今。参加架鼓会的多是回族群众。所以，架鼓流传至今，已成为当地回族的一种独特的文化娱乐形式。

临清架鼓由48人演奏，演奏队形一般为圆形，中间有其他形式的活动相伴，称为"风搅雪"。其演奏器具多种多样，包括牛皮鼓，木梆，形状为圆形、材料为铜的直径18厘米的高音手锣（土语称"旋子"），还有圆形铜质的大锣，其尺寸比较多，有90厘米、100厘米、120厘米等。临清架鼓的代表作品有《点鼓》《老排鼓》《小排鼓》《二十八宿》《三翻带滚鼓》《长鼓》《滚鼓》《卧龙鼓》等。

临清架鼓在1979年得到了重大发展，当地政府支持临清架鼓的发展与传承保护，邀请架鼓第三代传人洪玉清与老艺人王树德、李云岭、王凤林等聚在一起探讨鼓技，使这个古老的文化得以传承并逐步完善，在新时期焕发出了新的生机。百分之九十以上的大桥村村民是回族，他们酷爱架鼓这一特有

图三　滚鼓

图四　临清大鼓在聊城比赛

的艺术形式，于是出资购置了锣鼓、服装、彩旗，恢复了架鼓会，经常在一起切磋排练，不仅弘扬了这一民族艺术，还拉近了回、汉村民关系。每当节日或是重大庆典活动，大桥村架鼓会总是挥舞长槌尽情敲打，把现场气氛推向高潮。

1996年，大桥村架鼓队出现在山东省首届农民艺术节上。刚一亮相，便博得全场掌声。随着鼓声响起，鼓点变化，全场的人都为之震撼，他们都被这一传统艺术形式征服了。临清架鼓表演一举夺得金奖，轰动全省，并被誉为"中华艺术明珠，民族文化瑰宝"。

1997年4月，大桥村架鼓队又应邀赴海南省参加了"三月三少数民族艺术节"。在全部30个节目中，临清架鼓作为唯一的回族艺术表演队，以整齐的服装、多变的队形、精彩的表演威震海南。

临清架鼓以其简单的敲鼓边、敲鼓沿、鼓槌相击等演奏技巧及变化多端的节奏，振奋人心、气壮山河，是当世所罕见。如今，已有八首鼓谱被收入《中国民族民间器乐曲集成·山东卷》。

临清架鼓是运河文化的典型代表，是运河文化中独一无二的瑰宝，是中国传统文化中不可缺少的一部分。透过临清架鼓，我们能够感受到古人磅礴的激情、对生命的热爱、对生活的赞美。架鼓流传至今，已成为当地一种独特的文化娱乐形式，它群众参与性强，对开展群众性文化活动有很大的推动意义。

新时期，随着社会经济的发展，逐渐富裕起来的大桥村在相关部门支持下，重办了架鼓会，发展了这一独特的艺术形式。在临清，每当节日或重大庆典活动时，总会出现威武的架鼓声。架鼓会人员定期在一起切磋排练，并不断创新演出形式，使临清架鼓能够生机勃勃地传承下去。

鱼 山 呗

> 2006年，东阿县的"鱼山呗"被山东省人民政府列入第一批省级非物质文化遗产名录。2008年，被国务院列入第二批国家级非物质文化遗产名录。

"鱼山呗"又称"鱼山梵呗"，发源于山东东阿县的鱼山。东阿县地处黄河下游冲积平原，总人口约42万。其地形沿黄河走向呈狭长形，地势自西南向

图一 曹植墓

东北倾斜,气候宜人,四季分明,黄河、赵王河、赵牛河、中心河等河流均流经东阿县。鱼山位于东阿县城南17公里的鱼山村,为泰山之余脉,因建安才子曹植闻梵于斯、死后又归葬于斯而闻名遐迩。

"梵呗"是指佛教徒在做法事时念诵经文的声音,是典雅、舒缓的清净之音,是传统佛教音乐,起源于2500年前的古印度。

中国的梵呗是从三国时代开始的。三国时代的陈思王曹植就是"改梵为秦"的创始者。曹植于魏明帝太和三年(229年)封东阿王,尝登鱼山,闻岩洞内传有梵音歌唱,便仿照其音调,并依《佛说太子瑞应本起经》的内容编撰唱词填入曲调,后被称为"鱼山呗"。魏明帝曾大起浮屠,陈思王曹植也喜读佛经,并创作梵呗。据记载,曹植曾参加以僧人支谦为首的《佛说太子瑞应本起经》的翻译工作。梁慧皎《高僧传》卷十三曰:"陈思王曹植,深爱声律,属意经音,既通般遮之瑞响,又感鱼山之神制,于是删治《瑞应本起》,以为学者之宗,传声则三千有余,在契则四十有二。"其中四十二契,便是四十二个曲调联奏。三国时,在梵呗方面的比较有名的人物有竺法兰、迦时摩腾、支娄迦谶、支谦、康僧会和帛尸梨蜜多罗等。

图二　曹植墓碑林

"鱼山呗"作为"梵呗"的一种，主要用在寺院的各种法事活动、节日庆典中，主要用于讲经仪式、六时行道、道场忏法三个方面，它们被称为"法集三科"。鱼山呗作品有《释迦大赞》与《佛宝大赞》，内容皆出自《佛说太子瑞应本起经》，主要是以清净和雅、韵味悠远的咏唱来赞颂佛陀功德、演经说法、宣唱佛理、普度众生。

从唱词角度，梵呗可归为四大类：赞、偈、咒、文。伴奏乐器主要有钟、鼓、大磬、引磬、木鱼、钹、铃、铛、铪云板、铃鼓、箫、笛、琴、笙、管、琵琶、胡琴、角贝、铙钹等，随腔伴奏，又称为"法器"。

459年，鱼山呗始传入少林寺，由慧可禅师发扬光大。而东晋至南北朝时期，佛教音乐进入繁盛期，当时统治阶级进行了积极的提倡。齐武帝次子竟陵王萧子良曾撰写《佛制》《施食法》等佛学专著，发起并组织整理传统梵呗，使传统梵呗得以恢复原貌，并培养了一批梵呗高僧。在隋朝和唐朝，佛教音乐得到了进一步发展。到了宋朝，佛教音乐在教坊四部中，仍专设有"法乐部"。

鱼山呗流布于中国及日本、韩国，吸收了各国、各民族的民间音乐元素，从而产生了不同风格，形成了独特的宗教音乐文化。

音乐可以贯通古今中外，是有情世界共通的语言。不仅如此，佛教梵呗音乐还有着极其丰富的内涵。其佛音清新典雅，其韵律幽远深长。闻者身心清净，赞叹三宝，油然而生庄敬肃穆之感，恭敬至诚，歌咏佛德，沉浸在佛法寂静的氛围中，可以令人妄念顿消。佛乐通过集体唱诵，别具渗透力，荡气回肠，若置身其中，意念得以净化，胸襟得以豁然，神游情动于袅袅音声中，细细体味人生的真谛。因它来自于自然，又回归自然，天籁之音如风吹松林、水流幽涧、百鸟婉转、云卷云舒，有超凡脱俗之美。

"梵呗"是有鲜明宗教色彩的音乐，这种音乐并不只是一种艺术欣赏品和普通的社会文化现象，而是一种体现了古人的自然科学观，体现了古人对自然、社会与人生的关照的"天籁之音"。

曹植"改梵为秦"，充分吸收、借鉴印度佛教文化。这对中国传统音乐的音律、音阶产生了极大影响，几乎完全改变了中国本来的音律、音阶的面貌和

图三　鱼山梵呗寺

形态，而中国也因此形成了独具本土特色的佛教音乐，即"佛曲华化"，并传承至今。

在鱼山呗的保护与传承方面，相关部门倾注了无数的心力。他们很早就意识到鱼山呗的重要价值，希望能够引起人们对于鱼山呗的关注，呼吁人们齐心协力，共同保护这一珍贵的非物质文化遗产。

目前，在中国佛教协会、山东省佛教协会、聊城市政府、东阿县政府的支持下，鱼山梵呗寺得到了细致的保护与恢复。鱼山景区特有的历史风貌正在逐步恢复，在鱼山梵呗寺的四周，"曹植公园""小鱼山"等配套的景点相继建立。梵呗寺住持永悟法师准备在鱼山西部建一座"梵呗城"，并成立"国际佛教音乐研究交流中心"，致力于对佛教音乐文化进行长期有效的保护，努力做好传承和弘扬工作。

鱼山呗既保存了传统音乐，又最大限度地保存了古代汉语，对于学术研究具有极为重大的意义。当地定期举办国际性学术研讨会，集思广益，并逐步实现古乐谱、经书的数字化，成立了佛教音乐图书馆，使鱼山呗走向世界，向世界展示中国的风采。

透过鱼山呗，我们可以窥得中国传统佛教音乐的面貌。鱼山呗中蕴含着独特的人文精神、礼仪规范与佛教文化，让我们为之折服的同时，也意识到鱼山呗是一笔非常珍贵的财富。保持鱼山呗的传统风貌，最大限度地保留并传承传统的吟唱内容与方式，让鱼山呗得到更好的传承，是当代人和后人都不能逃避的责任和义务。

鲁西南鼓吹乐（牡丹）

> 2006年，菏泽市牡丹区的"鲁西南鼓吹乐"被山东省人民政府列入第一批省级非物质文化遗产名录。2008年，被国务院列入国家级非物质文化遗产扩展项目名录。

鲁西南鼓吹乐作为我国北方重要的民间音乐形式，久负盛名。鲁西南鼓吹乐历史悠久，建造于东汉末年的嘉祥武氏祠内有六块石刻碑生动描绘了当时鼓吹乐演奏的场面，可见当时鲁西南已有了相当成熟的鼓吹乐演奏艺术。鲁西南鼓吹乐以菏泽市牡丹区、巨野县、单县、曹县、鄄城县、成武县、定陶区、东明县、郓城县为中心，辐射济宁、枣庄及周边县区。

鲁西南鼓吹乐早在明清时期就已经在当地流传。自清朝中叶开始，鲁西南鼓吹乐开始在当地盛行开来。菏泽市牡丹区历史上最具代表性的鼓吹乐班社有"张家

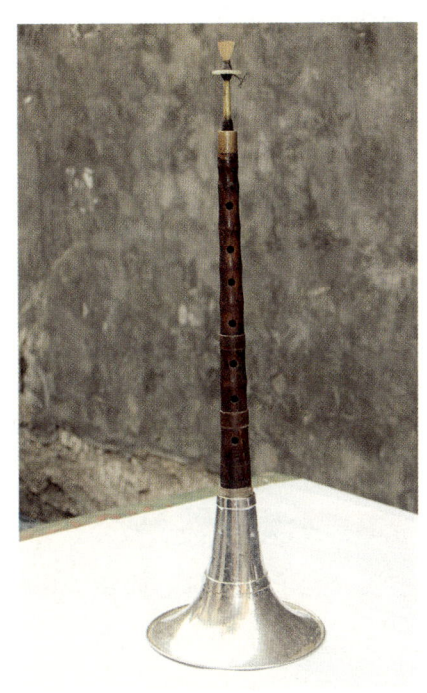

图一　鲁西南鼓吹乐常用乐器唢呐

图二　鲁西南鼓吹乐代表班社张家班演奏场景

班""和家班""李家班""王家班""侯家班"等。1949年以后，涌现出大批技艺非凡的鲁西南鼓吹乐表演人才。著名的鼓吹艺人有和贯贤、张玉柏、王学光、张玉芳、李广福等。目前，以菏泽市牡丹区为中心，当地涌现出一大批具有较高知名度的鼓吹乐班社。如巨野县的"柏家班""袁家班"，单县的"徐家班""郜家班"，成武县的"冯家班"，曹县的"马家班"等。据初步统计，当地有鼓吹班社300多个，艺人3000多人。一代代的班社艺人共同演奏了"唢呐之乡"的雄风亮曲，奠定了鲁西南鼓吹乐在我国音乐艺术界的重要地位。

鲁西南鼓吹乐所使用的乐器，主要有吹奏乐器、打击乐器两类。吹奏乐器有唢呐、笛（竹笛）、笙、管子、闷笛、大号。打击乐器有小钹、梆子、钹子、云锣、大鼓、堂鼓、串鼓、大面锣、低音锣、武锣、铙钹、水钗、小钗、点子、木鱼、碰铃、乐鼓等。

在鼓吹乐的众多乐器中，唢呐是最主要的乐器，民间俗称"喇叭"或"响器"，也有别名"大笛"。由双簧哨子、蕊子、杆子和铜碗四部分组成。唢呐音量大，音色明亮、粗犷，善于表现热烈奔放的场面和兴奋欢快的心情。常与打击乐器配合，用于民间节庆、婚丧嫁娶等活动。

唢呐类型多样，演奏技巧也十分复杂。常用的唢呐有大、中、小三种。大

图三　鲁西南鼓吹乐常用乐器梆子

唢呐筒音为d1，发音深厚丰满；中音唢呐筒音为a2，发音圆润柔和；小唢呐筒音为d3，发音高亢激昂；锡笛和铜杆筒为c3，发音清脆明亮。常用的演奏技巧有吐音、滑音、花舌、指花、颤音以及吞、吐、垫、打、抹、压等，还有舌冲音、气冲音、反弹音、反双吐、连弹音、气唇同颤音、指气同颤音等特殊技巧。

鲁西南鼓吹乐曲目具有多变性，可以一曲多奏，变化丰富。比较有代表性的是《开门》和《抬花轿》两首乐曲。以民间器乐曲牌《开门》为例，可变化派生出《上字开门》《大合套》《风搅雪》《婚礼曲》等十几首乐曲。鲁西南鼓吹乐还具有吹奏的即兴性，很多曲目都有特色鲜明的展开部分——"穗子"。"穗子"是演奏过程中的一个独立片段，它的特点是即兴演奏，音型细碎，展开自由。除此之外，鲁西南鼓吹乐风格独特，所演奏的大部分是民间乐曲、戏剧曲牌、民间小调以及大量的地方戏唱段，通过口哨、咔哨、把攥子与唢呐的默契配合，演奏技巧高超，表演生动活泼、形象逼真。

鲁西南鼓吹乐乐队组合形式也丰富多样。一般演出乐队由8人组成，艺人们各执其器，民间有"喇叭哇哇叫，笛子花音俏，捧笙来搅和，锣鼓凑热

闹"的说法，形象地概括了各种乐器的演奏特点。鲁西南鼓吹乐乐队按演奏功能可分为一般乐队（吹奏乐队）、祭祀乐队和拜鼓乐队三种。演奏形式分为行进演奏（用于迎亲、送葬及节日喜庆场合）和坐场演奏（乐手围坐桌子四边，边吹边打，常演奏些大曲牌或咔戏）两种。

鲁西南鼓吹乐具有广泛的群众基础，几乎每个乡镇都有鼓吹乐班社，村村都有鼓吹乐艺人。演出较为灵活，三五人、七八人、十多人均可演奏；大礼堂、集市上随处可以开场演出。人员多以农民为主，平时务农，遇事演奏。鲁西南鼓吹乐曲目既可以作为音乐会演奏曲目，又可在街头、庭院即兴演奏。大型演奏队伍中打击乐偏多，以演奏祭祀套曲为主，古朴庄重；小型队伍行动灵活，以鼓吹乐为主，风格细腻，可即兴演奏，以技巧见长。

鲁西南鼓吹乐是我国古代鼓吹乐的延续和发展，历经数代艺人的不断改进，其演奏技法日臻完善。鲁西南鼓吹乐流布区域的风土人情、乡土文

图四　鲁西南鼓吹乐展示

图五　鲁西南鼓吹乐演奏

化有着鲜明的地方特色,其演奏曲目极具代表性,丰富了研究地方音乐的素材。鲁西南鼓吹乐普及面非常广,从民间婚丧嫁娶到节日联欢、喜庆典礼、丰收庆典都可参与,丰富了广大群众文化生活,在满足群众文化需求方面发挥着重要作用。

山东古筝乐

2006年，菏泽市的"山东古筝乐"被山东省人民政府列入第一批省级非物质文化遗产名录。2008年，被国务院列入第二批国家级非物质文化遗产名录。

筝，是我国古老的弹拨乐器之一，春秋战国时期就已存在。山东古筝乐，作为中国古筝乐的重要组成部分，是国内古筝乐的重要流派之一。关于山东古筝乐的起源，有这样一种说法：西汉时期，有一宫女出走宫廷，在郓城一带落户，向当地民众传授了《汉宫秋月》《隐公自叹》《鸿雁捎书》等宫廷乐曲，当地民众争相传习，流传至今。

图一　古筝图

菏泽作为山东古筝乐的主要流传地，文化底蕴深厚、源远流长。唐尧曾在这里生活，虞舜捕鱼于雷泽；商汤定都于亳地，伊尹受聘于有莘；宓子贱鸣琴治于单父，陶朱公经商富于定陶……名人流韵遗迹遍布于全境。另有菏泽牡丹甲于天下，戏剧说唱饮誉神州，武术声震寰宇，鼓吹、面塑、书画名扬四海，古筝艺术更是闻名中外。

山东古筝乐有着悠久的历史。史书及历代名人诗词中有大量关于山东古筝乐的记载。曹操之子曹植，曾被封为鄄城王，他看到当时鄄城筝艺盛行的景象，写下了"弹筝奋逸响，新声妙如神"的诗句。曹植《与吴季重书》中有"斩泗滨之梓以为筝"的句子。《宋书》中有南朝人何承天弹筝的记录："承天素好弈棋，太祖赐以局子……承天又能弹筝，上又赐银装筝一面"。在明代小说《水浒传》中，有"忠义堂上插遍菊花……堂前两边筛锣击鼓大吹大擂，马麟品箫，乐和唱曲，燕青弹筝，各取其乐"的描述。明朝，筝在鲁西南甚是流行，现今在郓城县黎同庄还保存着明代万历年间的一架十六弦古筝。自清朝以来，筝在山东大地发展很快，特别是在菏泽、聊城一带普及甚广，深受群众喜爱。直到今天，菏泽民间传还有"城内大户多有瑟，城外村村都有筝"的说法。

直到今天，古筝艺人常利用赶庙会、逢年过节以及冬闲时期，在家庭院落、寺庙等处演奏。山东古筝乐带有鲜明的地域特色，极受人民群众的欢迎，主要分布在菏泽市的郓城县、鄄城县、牡丹区等地。

山东古筝乐的传统演奏手法主要是右手弹、左手按。右手多用大、食、中三个手指演奏，常用指法有托、劈、抹、挑、剔、勾、撮、摇、连托、双劈、双勾、双抹、花指等。左手指法有虚、实、点、空、揉、滑、吟、走等。

在演奏形式上，山东古筝乐除独奏外，还有合奏和伴奏。合奏是一种丝弦乐合奏，所用乐器有筝、扬琴、琵琶、如意勾（一种弓弦乐器）四种，有时加进坠琴、软弓胡、二胡、简板、梆子等。伴奏主要出现在"山东琴书"的伴奏当中，它在和扬琴、坠琴、软弓胡、琵琶、二胡、简板等组成的乐队中，起着跟腔送韵、加花变奏的作用，使演出形式更为丰富多彩。近代以来，人们还把筝引入"两夹弦""梆子""柳子"等地方戏曲的伴奏中。

山东古筝乐大致可分为两种：一是古典乐曲，它历史悠久，音调典雅，结构严谨，节奏鲜明，民间俗称"大板筝曲"；二是牌子曲、板头曲，是根据地方说唱、民间小调改编而成的，一般节奏富于变化，旋律优美柔和，民间俗称"小板筝曲"。

大板筝曲是"八板体"的曲式结构,民间又称"老八板""大八板"。山东古典筝曲的节奏布局,基本上是规整的,从头至尾都是严谨的4/4或2/4的节拍。流传于菏泽的古典筝曲,分别属于大板第一、大板第二、大板第三、大板第四。古典乐曲在内容上具有深刻的思想内涵,如"大板第二"上的《美女思乡》,又叫《昭君怨》,乐曲以西汉王昭君出嫁匈奴的故事为题材,表现了王昭君对故乡和亲人深切的怀念。整首曲子多在低音区演奏,速度稍慢,加上"压揉、点扣、吟滑"的手法,起到了缅怀深思的抒情效果。

小板筝曲主要流行在菏泽市,与当地民歌小调、戏曲说唱等民间艺术有着密切联系。牌子曲大都是由山东琴书的唱腔曲牌发展而来的,板头曲则是由山东琴书的前奏、间奏等发展而来的。这些曲子明显保留了琴书音乐的基本面貌,并充分体现了筝的演奏特点,成为筝的独奏曲目。代表曲目有:《凤翔歌》《天下同》《大八板》《叠断桥》《呀儿哟》《寒口垛》《下河调》《小金钱》《五字开门》《四字开门》等。这部分乐曲具有鲜明的地方特色和浓厚的乡土风味。由于菏泽等地的一些地方戏曲、说唱只有三四百年的历史,所以,这些小板筝曲的历史都较短,器乐化的时间大都在二十世纪的三四十年代。赵玉斋、高自成、赵登山等人在此方面做出了重大贡献。

图二　古筝图

山东古筝乐寓意深长，表现手法多样，在国内外享有盛誉，具有很高的学术研究价值、艺术价值、审美价值和欣赏价值。

山东古筝乐的悠悠乐声，为我们诉说着祖先的故事。随着人们对民间音乐重视程度的提高，越来越多像山东古筝乐那样的优秀民间音乐被发扬光大。在人们的共同努力下，山东古筝乐不但得到传承保护，更在当地文化产业发展中发挥了重要作用。山东古筝乐，在历史的潮声里悠然绵长，在时代的乐章中必将奏出更加动听的音符。

菏泽弦索乐

> 2006年，菏泽市的"菏泽弦索乐"被山东省人民政府列入第一批省级非物质文化遗产名录。2011年，被国务院列入第三批国家级非物质文化遗产名录。

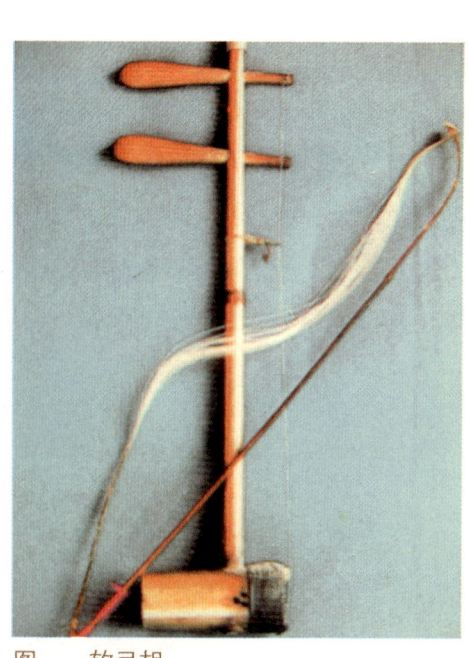

图一 软弓胡

弦索乐，是我国民族民间器乐中一个历史悠久的传统乐种，又有"丝弦合奏""弦乐""弦丝""细乐"等不同称呼，在菏泽民间有"碰八板""对八板""对流水"等俗称。弦索乐使用的基本乐器有三弦、琵琶、筝、浑不似等。但随着历史的前进，乐器的使用也有了些变化，如后来增加了扬琴、如意勾（一种琴杆头上刻有古代宫廷"玉如意"的弓弦乐器）、坠胡、二胡等，而浑不似也早已不用。

菏泽弦索乐，是几件弹拨乐器和拉弦乐器共同演奏的民间合奏乐。通常由筝、琵琶、扬琴、如意勾四件丝弦乐器合奏，有时只有筝、扬琴二者合奏，或是由筝与扬琴、琵琶合奏，亦有加入软弓胡、坠胡、二胡等合奏的形式，乐器组合灵活多样，演奏乐器可增可减。由于它风格典雅而享有"雅乐"之称，又由于它历史悠久而被称为"古乐"。主要分布在菏泽市的郓城、鄄城等县的乡村。

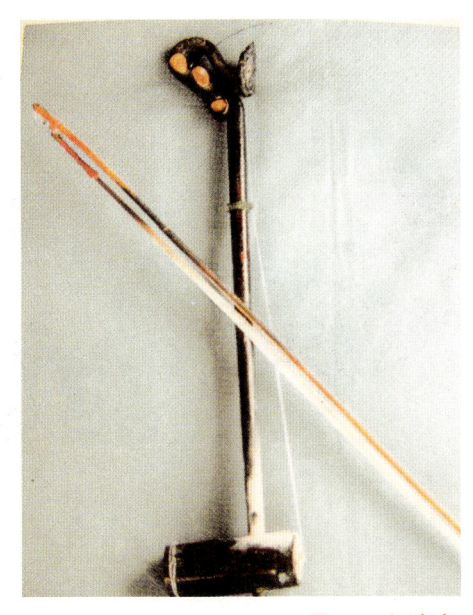

图二　如意勾

弦索乐是伴随着说唱艺术的发展而形成的，菏泽的弦索乐由来已久，自元代以来，山东及中原地区，一直流传着【木兰花慢】【锁南枝】【山坡羊】【驻云飞】【黄莺儿】【耍孩儿】等大量的俗曲小令，因演唱这些俗曲小令时常伴之以弦索，所以人们很习惯地称之为"弦索调"。后来，在弦索调的基础上逐渐发展，衍化出不少地方剧种，仅山东而言，就有"柳子戏""大弦子戏""罗子戏"等。这些戏曲乐队的编制，就是在弦索的基础上加入了吹管乐器，如笙、笛、锡笛、唢呐等，并增加了打击乐器。从中可以看出弦索乐与这些剧种的密切关系，以及在发展过程中存在的某些相似的轨迹。

在菏泽，弦索乐是当地人自娱自乐的演奏形式，他们常利用赶庙会、逢年过节或是冬闲时期，在寺庙、家庭院落、田间地头演奏。1980年，工作人员在郓城北王楼村民间调查时，当时已87岁的王学修老人就讲，他们那一带弹筝拉弦的人很多，最有名的是王乐涌、王乐盼兄弟俩。王乐涌是开药铺看病的先生，弹筝敲扬琴都会，其弟王乐盼如意勾拉得很好。王学修老人还讲，在他小时候，冬天常在地窖里听弦索乐，弦索艺人有四五个人，岁数都在60岁上下，拉弦、抓筝、敲琴，经常演奏到很晚，因冬天没事，听的人很多。

在菏泽民间流传有不少弦索乐工尺谱的手抄本，都是各种丝弦乐器的分谱，以筝谱最多。鄄城县古筝艺人张应易曾保存有一本发黄的工尺谱，据他

图三　地头演奏《对流水》

说,谱子是他师父张念胜先生从王乐涌那里抄来的,后传留给他。弦索乐确切的年代虽不可考,但可确定地说,至少在18世纪以前就已盛行了。

　　菏泽弦索乐有古曲十大套,每一套均是"八板体"的套曲形式,艺人们称其为《碰八板》。"八板体"结构大量保留在各地的琵琶和筝曲中,弦索乐曲中亦多是这种结构形式。又因其每个曲子的八个乐句各有八板,全曲另加四板的结构形式,而被称为"六十八板"。《碰八板》所使用的乐器构成不同的声部,这些声部的旋律都是由《八板》派生出来的,所以完全可以"碰"在一起,构成一个统一的整体。据民间艺人们说,六十八板是先人们根据《周易》六十四卦加上春、夏、秋、冬四季制定的,具有深厚的文化内涵。

　　菏泽弦索乐独具魅力,其发展根植于民间,带有鲜明的地域特色,极受人民群众的欢迎。在发展过程中,与当地的其他艺术门类联系紧密,很多艺人本身就擅长演唱梆子、柳子、大弦子等地方戏曲或琴书、坠子、莺歌柳书等地方说唱,因此,菏泽弦索乐既有自己独特的艺术风格,又和其他民间音乐有相似性,深受各阶层人士的喜爱,表现出雅俗共赏的审美特征。菏泽弦索乐旋律音调优雅柔美,和声浑厚动听,既有古色古香的风格,又有鲜明的地方色彩,具有很高的学术研究价值和欣赏价值。

　　菏泽弦索乐历史悠久,传统曲目极具特色,演奏技巧独特,在国内外享有很高的声誉。它那色彩斑斓的乐器组合,古色古香的旋律音调,吸引着国内外音乐研究机构和高等艺术院校的专家、学者、学生等,来到菏泽采风,深入了解弦索乐的艺术风姿。香港中文大学音乐系博士生导师韦慈朋教授、捷克博士何阳等人都曾慕名来访。2005年12月,在台湾艺术大学音乐会中,师生们共同演奏了由赵登山先生带去并排练的菏泽弦索乐《碰八板》《对流水》，受到全场观众的热烈欢迎。

菏泽弦索乐无论在乡村院落、田间地头，还是在各种舞台上，都深受欢迎，展现出旺盛的生命力；它寓意深长的传统曲目和古朴的声韵以及富有

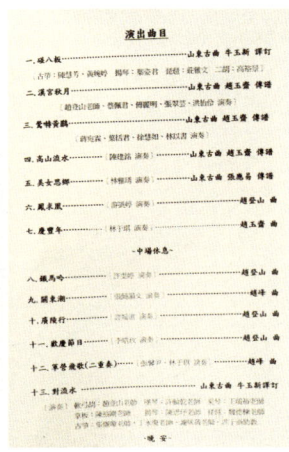

图四　赵登山在台湾演出节目单

特色的乐器组合，得到了不同阶层人士的认同与喜爱，更显示出所具备的鉴赏价值。它还丰富了人民群众的文化生活，增强了人们对中华优秀传统文化的重视程度，对保护我国民间传统艺术起到了重要的推动作用。

如今，当地文化部门和社会各界人士都参与到对弦索乐的挖掘、保护工作中。自1978年至今，已发掘整理弦索乐八套，各种器乐曲三十余首，其中有三套弦索乐被编入《中国民族民间器乐曲集成·山东卷》，为后世留下了珍贵的艺术资料。

鲁西南鼓吹乐（单县）

> 2009年，单县的"鲁西南鼓吹乐"被山东省人民政府列入省级非物质文化遗产扩展项目名录。2011年，被国务院列入国家级非物质文化遗产扩展项目名录。

在鲁西南地区的婚丧嫁娶等民间活动中，常可以听到一种或欢快或沉闷的曲调，这就是当地的风土人情养育出的民间音乐——鲁西南鼓吹乐，它是一种以唢呐为主要演奏乐器的民间艺术形式，是山东鼓吹乐的重要流派，主要分布于菏泽市、济宁市、枣庄市及周边地区。地处齐鲁之地的单县，是著名的"唢呐之乡"。流传在这里的鼓吹乐，既保留了鲁西南鼓吹乐粗犷、豪放的风格，又融汇了河南、安徽、江苏等地的清新、细腻的楚越风韵。

唢呐是鼓吹乐中最主要的乐器，民间俗称"喇叭"或"响器"，也有别名"大笛"。由双簧哨子（芦苇制成）、蕊子（铜制）、杆子和铜碗（喇叭形）四部分组成，竖吹，有大小不同的规格。唢呐音量大，音色粗犷，善于表现热烈奔放的场面和兴奋、欢快的情绪。在鲁西南地区，嫁娶、丧葬时常以这种音乐相随，民间举办庙会时，也常有鼓吹乐艺人们登台演出，以表现欢快的节日气氛。

鲁西南鼓吹乐种类繁多，按演奏功能分为一般乐、祭祀乐和拜鼓乐三种。一般乐队以一只木杆唢呐为主要乐器，配以笙、笛伴奏，用于一般红白之事，艺人们跟在迎亲或送葬队伍里吹奏乐器，表达主人家迎亲的欢喜或送葬的悲痛，主要曲目有《五字开门》《六字开门》。祭祀乐以两支中音唢呐为主，配以两架扁鼓、大鼓、点子、云锣、铜鼓等，主要用于旧时大户人家祭祀，气势宏大，曲目以套曲为主。拜鼓乐以一支唢呐，配以闷子、磬、扁鼓等，古朴典雅，庄重肃穆，用于丧事祭奠"二十四拜礼"。

一般来说，鼓吹乐演出乐队由8人组成，艺人们各执其器，"喇叭哇哇叫，笛子花音俏，捧笙来搅和，锣鼓凑热闹"，这一说法形象地概括了各种乐器的演奏特点和作用。鼓吹乐艺人有时只有一人用唢呐进行独奏，有时两人用两只唢呐互相配合进行演奏，或者是与乐队中的笙、笛乐手相互配合，进行一场精彩绝伦的表演。

鲁西南鼓吹乐音色清脆，技法丰富，流畅柔和，戏曲韵味浓厚，既可一曲多奏、变化丰富，又有许多曲目有特色鲜明的展开部分——"穗子"。"穗子"是一个相对独立的段落，它的特点是在演奏上具有极大的即兴性，音型细碎，展开自由，旋律围绕中心音不断变换，是显示民间演奏家卓越才华和高超

图一　高家班

图二　郐家班

技巧的段落。另外，以《开门》为例，可见鲁西南鼓吹乐一曲多奏的特点：由《开门》可派生出《上字开门》《尺字开门》《凡字开门》《六字开门》《大合套》《风搅雪》《婚礼曲》等十几首乐曲。

鲁西南鼓吹乐深受当地风土人情的影响。在各分布区内，几乎每个乡镇都有鼓吹乐班社，仅单县南城街道马六村就有7个班社。全县有70多个唢呐班，到处可见鼓吹乐演练人员。这些鼓吹乐艺人们大都以家庭、亲戚、师生为伍，三五人、七八人、十多人均可演奏；大礼堂、村头上、集市上随处可以开场演出。这又赋予了鲁西南鼓吹乐在表演形式上的灵活性。这些表演艺人，多是世代务农的普通百姓。没有演出时，他们忙于农事；有演出时，他们便轻装上阵，将一腔热情都洒在他们演奏的曲目里。经过祖祖辈辈的传承发展，曲目越来越多样，吹打兼有，这些鼓吹乐艺人的演奏早已雅俗共赏。

关于鲁西南鼓吹乐的文物资料，始见于东汉末年建造的嘉祥武氏祠内的画像刻石。武氏祠有六块石刻碑，淋漓尽致地表现了当时鼓吹乐演出的场景，其中左石室第三石上的画像表现了完整的鼓吹乐演出情形，五老洼第十六石上所

图三　田向东接受记者专访

刻的鼓吹乐演奏中已经出现了排箫、竽（笙）、笛、角鼓等鼓吹乐中的基本乐器。可见当时的鲁西南已经具有相当成熟的鼓吹乐演奏艺术了。

根据当地鼓吹艺人的回忆，他们的鼓吹艺术已传承十几代，由此也可推算，鲁西南鼓吹乐的历史至少可以追溯到300多年前。自清朝中叶开始，鲁西南鼓吹乐呈现出更加旺盛的生命力，涌现出大量的鼓吹乐班社和众多技艺高超的演奏能手。

单县的鼓吹乐班大体可分为四大家。以徐东春为代表的徐家班，以及徐东春的孙子徐广爱、徐广云兄弟，都是鼓吹乐演奏能手，他们在继承前辈艺人技艺的基础上，不断创新，以不同的技法演奏了《三音开门》，对民间音乐的发展具有深远意义。在单县享有盛名的唢呐班还有以郜来义为代表的郜家唢呐，老一辈唢呐艺人郜来义及其孙子郜保福是鲁西南鼓吹乐的重要传承人。城东杨家唢呐班的杨玉仁演奏技艺精湛，他的弟子田向东在特技表演方面十分出色，他表演的"火烧葡萄架""龇牙笛""口中喷火"等非常精彩。高乾伦是城西高家班的代表，他的演奏朴实而富有韵味。高进法、高进忠是高乾伦的弟子和传人。高进法曾当过戏曲演员，所以把一些地方戏中的特色曲调融入鼓吹乐，受到观众欢迎。高进忠及其儿子高峰、高华继承了祖传的演奏技艺，现全家分成两班，活跃在单县城乡。

单县当地有关部门对鼓吹乐进行了资料搜集和整理，并多次成功举办了鼓吹乐的会演、义演，以及优秀唢呐队之间的竞赛。在已建立鼓吹乐档案的基础上，对鼓吹乐进行归类整理，建立资料库，进一步推动相关研究和传播。通过对鼓吹乐进行综合研究，深入发掘其学术价值，并整理出版《鲁西南鼓吹乐选集》及相关研究专著、论文集等，将会对传承与保护工作有助推之力。

鲁西南鼓吹乐是我国鼓吹乐的杰出代表。历经数代艺人不断改进，鲁西南鼓吹乐的演奏技法日臻完善。鼓吹乐艺人们用一只唢呐表现当地的风土人情，寄托着祖祖辈辈生活在这片土地上的劳动人民的欢欣哀愁。

包楞调

> 2006年,成武县的"包楞调"被山东省人民政府列入第一批省级非物质文化遗产名录。

成武县地处黄淮平原,位于菏泽市的东南部,地势平坦,四季分明,因为属于温带大陆性半湿润气候区,四季分明,气温年际差异不大。

过去,成武有很多庙会。每逢庙会,总有不少善男信女到寺庙里烧香拜佛,祈求平安,妇女拜佛念经的尤其多。一开始,庙前经常有年迈的妇女,

图一　成武县梁王庙担经场面

图二　魏传经在农村搜集民歌

肩上挑着担子，一头是进香的香火，另一头为了保持平衡而放个别的东西，口中念念有词。后来这种形式被改成一头是个莲花盆，一头是个大鲤鱼（用布或绢制作的道具），担子用半寸宽、5尺多长的竹片制成，光滑而有弹性。也有的用手抚着莲花盆，吸引众人围观，边舞边唱小曲。唱词来自佛经、民间故事等，曲调有当地民歌，也有地方戏曲，《包楞调》就是其中的一首。清朝末年以来，随着"担经"的人越来越少，会唱小曲的人也越来越少，但《包楞调》这种曲调却以不同形式仍然在民间流传。

《包楞调》的名称是以歌词中的衬词"包楞楞……"所得，是一首具有浓郁地方特色的成武民歌，是具有民间花腔特色的民族歌曲。它结构严谨，精练简洁，节奏鲜明，旋律俏丽、柔和，透出一种泼辣风情。由于衬词的关系，各个乐句长短不一，新颖独特，灵活多变。

《包楞调》原有的唱词很多，一唱就是几十段，现在的《包楞调》只是其中的一首诗组成的词，这首诗是：晴空明镜，松峰凤鸣，星亭清静，景动风轻。诗的每个字组成四段词，共六十四段。歌词的格式严密：第一句末尾是"白楞楞楞"，第二句末尾是"一点红"，第三句是组诗中的字眼，第四句末尾是"紧包楞"。歌词内容广泛，有关于八仙过海、牛郎织女、嫦娥奔月、天女散花的神话传说；有颂扬赵子龙、岳飞、韩世忠、梁红玉等英雄人物的文化典故；还有关于乐陵小枣、泰岳肥桃、菏泽牡丹、曹州耿饼等地方特产的介绍；还有反映青松古庙、佛前香火的宗教活动；有"萧何月下追韩信""姜子牙钓鱼""杨广花天酒地祸国殃民"的历史故事……春夏秋冬、风云雨露、山水花草、名胜古迹、飞禽走兽、日月星辰、君王贤士、文官武将、公子小姐、天仙神怪、琴棋书画、格言哲理、土特产品、乡土民情都在歌词中有所表现，深受各阶层人士的喜爱，表现出雅俗共赏的审美特征。它与百姓生活联系紧密，是人民用以抒发内心感悟不可缺少的精神伴侣和娱乐工具，它是大众智慧的结晶。

　　1951年，魏传经进入成武县文化馆工作，主要任务是组织群众文化艺术活动。他带着收集民歌的任务，几乎跑遍了全县的角角落落。在查访中，魏传经听说大田集镇小程楼村的周金英大娘会唱民间小曲（群众把民歌称为小曲），于是多次门拜访周金英。在魏传经接连唱了《四盼》《对花》《大实话》等几首歌后，老大娘乐得合不拢嘴，并且用手指打着节拍。在魏传经的感染和再三请求下，周大娘欣然答应为他唱《包楞调》。由于当时没有录音机，魏传经还不能把曲谱完全记下来，他就干脆跟周金英一句一句地学唱，回馆后，他自唱自记了一番，感觉曲调不太准确、不够味，就邀请成武一中音乐教师孙啸天老师一起，又到了周金英家中，重新把《包楞调》记录下来。回馆后，他俩把新记的曲谱和他原来记的曲谱认真地进行了整理，使情感的抒发更加真切感人，浓郁的乡土味和民间花腔特色表现得层次分明、细致入微，让人耳目一新，达到曲尽其美的艺术效果。

图三　《包楞调》挖掘整理者魏传经（左）和首唱者宋惠芳

《包楞调》在发展过程中，与当地其他艺术门类联系紧密，据传承人周金英说，过去琴书艺人用古筝弹奏的《包楞调》曲子更为动人。可见《包楞调》与民间曲艺关系非常密切。

　　这部经典而深沉的史诗画卷需要在我们华夏民族上持续地绽放，它的艺术魅力将在一代一代的传承中永远留存。现在，《包楞调》的艺术价值得到了现代人的认同和喜爱。它反映了百姓的生活与愿望，融汇了群众的艺术才能。2005年，成武县成立了非物质文化遗产领导小组，深入乡村、庙会挖掘搜集民间音乐作品。在进行了整理学习后，更多的人用不同的传承与保护方式使《包楞调》在当今得到了更好的创新与发展。我们在很多舞台和荧屏上，都可以看到《包楞调》奔放、活泼的演出；在高等艺术院校，我们可以听到师生们将它作为花腔声乐的练习曲目，二胡、古筝曲《包楞调》更是为器乐演奏增添了新内容。这体现了《包楞调》作为民间花腔代表性民歌所具有的旺盛生命力。

运河船工号子

> 2006年,武城县"运河船工号子"被山东省人民政府列入第一批省级非物质文化遗产名录。

运河船工号子,是在船工们劳作时,以号工领,纤夫或船工和的方式进行演唱的号子。除拉冲号、拉纤(行船)号由号工随同纤夫在岸边步行外,其余号子均由号工在船上演唱。

元朝至元十九年(1282年),京杭大运河全线贯通,南来北往的漕运船队络绎不绝,武城运河船工号子应运而生。清朝雍正四年(1726年),翁雍、钱坚、潘清等人为朝廷承办了南北运河上的漕运工作,运河成为公私商旅南北运输的主要水运通道,舟船连楫,帆樯如云。因此,清朝中期成为武城运河船工号子发展的鼎盛时期。到了光绪二十七

图一 号工梁永合演唱打篷号　　(摄影:高登岗)

年（1901年），清政府废止漕运，黄河北至临清段运河因黄河泛滥淤成平陆，南北交通中断，但临清至天津段仍然通航，并达临清南之馆陶、新乡、道口等码头口岸，漳卫南运河仍然承载着新乡、邯郸、聊城、德州、沧州至天津的商旅运输，是中原地区的水上交通要道，船工行业兴盛不衰，船工号子也越来越能够表现各种劳动场面。武城的运河船工号子经过世代船工们的传承和发展，不仅体现了浓郁的地方特色，而且体现了南北运河船工号子相互交流借鉴的互补特征。

　　根据劳动形式的不同，武城运河船工号子可分为不同种类。船只上航（逆水航行）时首先要打篷，实际上就是升篷。打篷时唱的号子就是"打篷号"。卫运河中的船上，船头船尾都有锚，起船时便有四五个人一起去打锚，此时唱的号子叫作"打锚号"。船在航道中直行时，号工喊起"拉冲号"，纤夫们便铆足力气前冲一段，使船靠惯性前行。船在上航时，由于逆水而上，所以要由人去拉纤，这时号工会喊起"拉纤号"凝聚众人的力量。为使船顺利而又较快地转入正常航行，船上的船工会撑起长篙，喊出"撑篙号"，随着号子一拍一步地向船后部走。到了下航时，航速较快，为了

图二　运河船工号子

确保行船的安全，必须用撑篙的办法来应付河道中随时出现的险情，由于撑篙的速度和动作相对地快而急，所以此时唱的号子叫"撑篙号"。卫运河道的许多地方，河道较直，河面宽

图三　老号工梁永合将运河船工号子传承给文化工作者

阔，河水平稳，船工通过摇橹推动船前行，而摇橹过程中唱的号子就是"摇橹号"。枯水季河水较浅，达不到船吃水的深度，此时就要用绞关的办法把船拖过浅滩。绞关过程中唱的号子就是"绞关号"。在夜晚或者大雾天，为防止发生危险，船与船之间的联络以及船到达目的地后的出舱过程也都需要号工唱号子。

武城运河船工号子，源于船工劳作，是在劳动过程中创造出来的民间音乐。它凝聚了武城船工的智慧，是船工们心血和汗水的结晶。纵观中国历史，船工号子极其繁多，但武城运河船工号子，历经沧桑迭变的洗礼，在世代武城船工的传承下，有着鲜明的地域性特色，是武城运河文化的重要表现形式，对弘扬运河文化有着十分重要的历史价值。武城是运河船工号子的发源地之一，武城运河号子生活气息浓郁，节奏鲜明，是劳动人民创造出来的民间艺术，以运河号子谱成的民歌《唱秧歌》自1964年唱响以来，流传至今，脍炙人口。

产生于生产劳动之中的运河船工号子随着社会的发展，逐渐成为一种艺术形式，最初虽无文字和乐谱，但在祖祖辈辈口传心授的过程中，越来越口语化、生活化、幽默化、自由化，在演唱过程中，纤夫的心情都通过旋律和歌词表现出来，拉纤的动作整齐划一，与号子的节奏相契合，既能起到统一动作的作用，又能缓解劳动者的疲劳。纤夫们在日常生活中自发形成的运河船工号子

在当今社会有了进一步发展,各类号子都有了不同的内容和样式,以适应当代生活。

  运河船工号子伴随着运河漕运的发展而不断流传,是运河沿岸劳动人民鲜活的生活记忆,也是运河沿岸标志性的重要文化符号。由于劳动人民的生活方式在不断变化,当地采取了相应措施,将运河船工号子传承下去。例如,深入采访在世的老号工和船工,挖掘更多的船工号子曲谱和唱词,对文字、口述资料进行普查并整理存档,开展相关的学术研究等。同时,鼓励以运河船工号子为素材的文艺创作,吸纳青年文艺工作者加入其中。历经沧桑迭变的洗礼,运河船工号子越来越显示出无穷的魅力,并与现代社会和现实生活相融合。

鲁西南鼓吹乐（巨野）

2009年，巨野县的"鲁西南鼓吹乐"被山东省人民政府列入省级非物质文化遗产扩展项目名录。2011年，被国务院列入国家级非物质文化遗产扩展项目名录。

在巨野县，有一种以唢呐为主要演奏乐器的民间音乐形式，这种高亢嘹亮的鼓吹乐就是鲁西南鼓吹乐，当地又称为"吹响器""吹呜哇"。鲁西南鼓吹乐常用的伴奏乐器有笙、笛、梆子、鼓、镲等，由6～10人组成一个乐队进行演奏，吹奏的曲目除传统的唢呐曲牌和独奏曲以外，还可以用"咔戏"的形式演奏一些地方戏曲。其声音高亢嘹亮，有着丰富的音乐表现力和浓郁的地方特色，因而深受群众喜爱。

从出土的汉画像石中可以了解到，早在1800多年前，山东西南一带的菏泽和济宁地区就有了鼓吹乐演奏形式，因此，鲁西南鼓吹乐的历史至少可以追溯到东汉时期。经过长期的发展演变，鲁西南鼓吹乐逐渐成为我国重要的民间音乐形式之一。当地艺人经常演奏的曲目有些是宋元以来的杂剧曲牌，如【混江龙】【滚绣球】等，更多的是明清时期流传的小曲牌子，如【山坡羊】【锁南枝】【驻云飞】【一江风】【朝天子】【到春来】【叠断桥】【采茶儿】等。

鲁西南鼓吹乐的主奏乐器是唢呐，吹奏时潇洒自如，轻松灵巧、技巧丰富、变化多端，除了常用的吐音（单、双、三吐），滑音（指滑、气滑、上滑、下滑、快滑、慢滑），花舌（快花舌、慢花舌、粗花舌、细花舌），指花（快指花、慢指花、单指花、多指花、实音指花、虚音指花），颤音（快颤、慢颤、长颤、短颤、气颤、舌颤、指颤、唇颤），以及吞、吐、垫、打、抹、压等技巧外，还有舌冲音、气冲音、反弹音、反双吐、连弹音、气唇同颤音、指气同颤音等特殊技巧。

鼓吹乐的艺人们以职业或半职业的"鼓乐房"的形式组织起来，大多数是以家族或近亲搭班，平时各自为业，遇到民间婚、丧、喜、庆等场合便被邀请去演奏，往往数日不绝，成为百姓生活中不可缺少的一个重要部分。20世纪20年代至80年代，巨野县出现了袁子文、魏永堂等闻名全国的唢呐大师，名振一时。1949年后，唢呐班社发展迅速，在20世纪80年代末，巨野县每个乡镇都有唢呐队。巨野境内鼓吹乐流派众多，在20世纪90年代，共有12个班社，较著名的唢呐班社有田庄镇大宁庄的魏家班、田庄村的柏家班，万丰镇的陈家班，章缝镇的王家班等。唢呐乐曲表现力丰富，喜庆时诙谐幽默、引人发笑，悲伤时如泣如诉、催人泪下，是烘托气氛的重要音乐形式，因此在农村，每逢婚丧嫁娶、节日庆典，都少不了唢呐艺人忙碌的身影。

图一　魏永堂后人在演奏先生遗作

图二　陈家班演奏乐器

在长期的鼓动吹乐演奏中，巨野县境内涌现出一批身怀绝技的艺术家。袁子文、魏永堂等代表了北方唢呐的最高艺术水平。他们两次进京参加全国唢呐大赛，均获一等奖；其后又多次赴全国各地参加巡回演出，并整理了一大批优秀乐曲，为唢呐艺术的发展做出了卓越的贡献，将鲁西南鼓吹乐艺术水平推向一个新的历史高度。在他们的影响下，附近地区唢呐爱好者纷纷前来拜师学艺，在一定程度上为鼓吹乐的普及发挥了重要作用。

鲁西南鼓吹乐往往根据演出场合的不同演奏不同的曲子。婚庆场合常演奏的曲子主要有《迎新娘》《百鸟朝凤》和地方戏曲中表现喜庆气氛的曲牌等。而在丧事场合常演奏的曲子主要有《大悲调》《哭灵堂》及地方戏曲中表现悲伤情绪的曲牌等。所使用的唢呐哨片成布袋状，松软灵活、易于控制、发音响亮甜美。唢呐芯子锥度大而短，善于发中音和高音，准确而省力，便于模拟各种鸟鸣和人声。

鲁西南鼓吹乐技法丰富，流畅柔和，戏曲韵味浓郁，具有鲜明的地方特色，是我国鼓吹乐的重要形式之一。就乐器而言，经数代人逐渐改造而日趋完善，有的乐器已成为我国民族乐队中不可缺少的组成部分；就曲目而言，经多代人演奏，逐渐完善，很多已成为我国民族音乐中的经典曲目。乐队组合包括：用一只唢呐（一般用中音唢呐）主奏的形式，民间称为"单大笛"；用两支唢呐（低音唢呐）演奏的形式，也就是民间所说的"对大笛"；用锡笛（以锡制杆的海笛）主奏的形式或锡笛、笙、笛合奏的形式，这是演奏大弦子戏曲牌的专用乐队；另外还有唢呐、管子、口笛等组成的咔戏乐队，一般八至九人。农村鼓吹乐演出班社近年来又加入了电声乐器，使乐队的表现力进一步加强。少数有经济实力的乐队还自制了流动演出舞台，使演出更加灵活。

巨野县每年在传统节日"元宵节"举办全县"唢呐大赛"，激发了青年人学习唢呐的热情，并涌现出一批有潜质的青年唢呐演奏者。田庄镇还成立了唢呐艺术学校，主要教师有柏文彬、柏立峰等，学生来自于全国各地，有进入高等学府继续深造者，也有回乡从事唢呐艺术的工作者。经过多代民间艺术家的传承，鲁西南鼓吹乐曲目众多，演奏技法日趋成熟，更加规范，走出乡村，走向了更高的艺术殿堂，成为我国民族音乐中的佼佼者。随着鲁西南鼓吹乐传播样式的多样化，众多优秀乐曲广为流传，享誉全国。鲁西南鼓吹乐是应仪式而生的，也将会应仪式而长，唢呐的洪亮声音仍将在全国各地响起。

章丘扁鼓

> 2009年，章丘市（现改为济南市章丘区）的"章丘扁鼓"被山东省人民政府列入第二批省级非物质文化遗产名录。

自古以来，百姓就以节奏鲜明、缓急交错的鼓声传递着情感，用鼓槌与鼓身的碰撞抒发着人间的欢乐、辛劳与期望，而在丰富的鼓文化中，有这样一种独特的鼓——章丘扁鼓。

章丘区位于济南市东部，是龙山文化的发祥地，也是著名女词人李清照的故乡。早在八千多年前，就有人类在这里繁衍生息。汉景帝四年（前153年），置阳丘县。隋开皇十六年（596年），取县北章丘山为名，改为章丘县，是为章丘之由来。

章丘扁鼓是移民文化的产物，据一些家族的族谱记载，明朝洪武年间，部分章丘人从山西洪洞县迁徙而来，移民不仅激活了社会经济，也促进了地域间文化艺术交流。移民们以山西盘鼓的形制、鼓点为基础，加以改进，逐渐形成了章丘扁鼓独特的演奏形式，至今已有六百余年。

扁鼓的到来，使当地相对单调的生活变得丰富多彩，人们在日落归家之时、丰收过后、农闲之余加入到扁鼓队的活动中。普查显示，章丘区境内百分之八十以上的村庄都有过扁鼓队。据相关资料记载，明朝万历年间，绣惠镇（今绣惠街道）城南寨和安家村曾有四十余人的大型扁鼓乐队，每逢过年过

图一　明水街道办事处柳沟村扁鼓队在表演活动中

节,人们都要打起扁鼓以庆丰收,抒发心中的喜悦。每年一进腊月,大家就开始练习打鼓,从年初一开始,一直到元宵节后才停下来,扁鼓队在节日中扮演了较为重要的角色。它既可以作为各种艺术形式表演时的伴奏乐器,又能独立表演,深受当地老百姓的青睐。经过几代民间艺人的创造和革新,扁鼓队从鼓点到演奏技巧,都形成了独特的艺术风格。章丘扁鼓也逐渐发展为一种较为成熟的民间音乐,集舞、乐为一体,并在乐队建设、演奏风格等方面自成一体,成为一门综合艺术。

　　章丘扁鼓主要由鼓面、簧胆、鼓帮、鼓槌等组成。鼓面要用熟好的牛皮蒙制,鼓皮的厚薄、松紧对鼓的音色、音量影响都非常大,同时也对造鼓技术提出了极高的要求。簧胆用钢丝制成,镶在鼓里边,它能使鼓的声音更加浑厚响亮。鼓帮为弧形,用本地质地坚硬而有韧性的槐木、枣木等木料制成,鼓帮上镶有用铜或铁制作的环子,用来拴鼓背带。鼓背带用颜色鲜艳的绸子等布料制成。鼓槌采用和鼓帮相同的木料制成,长约40厘米。

章丘扁鼓的演奏形式分为移动式和固定式两种。移动式也叫列队行进式，扁鼓队要根据路面宽窄和鼓队规模排好队形，配合其他民间艺术表演边走边敲。固定式也叫阵地式，首先要安排好场地，按鼓队规模和每件乐器应在的位置摆好阵势，乐手们边敲边舞，演奏中有表演，场面十分活跃。

表演中，大小不一的扁鼓发出音色不同的鼓声，其中，特号扁鼓的鼓面直径在180厘米左右，鼓帮高约90厘米。大号扁鼓也叫低音扁鼓，鼓面直径在150厘米左右，鼓帮高约70厘米。中号扁鼓也叫中音扁鼓，鼓面直径在80厘米左右，鼓帮高约30厘米。小号扁鼓是高音鼓，鼓面直径在50厘米左右，鼓帮高约25厘米。不同型号的鼓音色各异，使章丘扁鼓的表演丰富多彩。

不同的节日场合，对扁鼓乐队的规模要求不同。扁鼓乐队的规模可分为大型、中型和小型三种。大型扁鼓乐队有两面特号鼓、四面大号鼓、十面中号鼓、十面小号鼓、两面大低音锣、两面中音锣、两面小锣、八副大帽钹、

图二　圣井街道办事处南栗园九龙扁鼓队在民间艺术表演活动中

图三　章丘扁鼓演出

四副中钹、两副小镲，单设一个指挥。这种乐队声势浩大，能演奏四个声部的鼓曲，适应在固定位置演奏。中型扁鼓乐队一般由两面大号鼓、八面中号鼓、八面小号鼓、八副大帽钹等组成。小型扁鼓乐队一般由四面中号鼓、四面小号鼓、四副大帽钹或有两面小号鼓、两面中音锣、两副中钹、一面小锣、一副小镲等组成。乐队常演奏的曲牌有《九龙翻身》《狮子滚绣球》《水漫金山寺》《擂通》《胡萝卜钻天》《祈雨》《锣占鼓》《宜昌》《舞风》《落花船》等。

喜庆的节日里，各村的扁鼓队成员身着节日服装，手持系着红、黄、绿彩布的鼓槌，兴高采烈地敲起来。四里八乡的父老乡亲们听到鼓声后纷纷赶来，簇拥在一起聆听欢快悦耳的鼓曲，欣赏演奏者们娴熟的技艺。击鼓有单击、双击、轻击、重击、滚击、点击、闷击等多种技巧，鼓槌起起落落，如珠玉落盘，寄托着群众的幸福喜悦和对美好未来的盼望。

1949年以来，为更好地传承章丘扁鼓，相关部门相互配合，深入挖掘章丘扁鼓的历史渊源，加大对章丘扁鼓传承人及传承群体的保护、培训力度，积极与其他艺术形式相融合，参加各类演出活动，使章丘扁鼓在新时代有了新的传承和发展。

　　章丘扁鼓以其独特性在中国民间艺术舞台上熠熠生辉，作为发展较为完善的民间音乐形式，不仅丰富了农村业余文化生活，同时也发展和丰富了我国器乐学。作为人民抒发情感、丰富生活、记录历史的载体，章丘扁鼓也伴随着社会文明的进步，以其鲜活的表现力和独特性丰富了我国非物质文化遗产的宝库。

图四　扁鼓

商家大鼓

> 2009年，淄博市的"商家大鼓"被山东省人民政府列入第二批省级非物质文化遗产名录。

商家大鼓起源于清朝中期。据传，乾隆年间，淄川城边的商家庄有一位名叫商学智的人在苏杭一带经商。有一年，商学智回家过年，为了增加节日的喜庆气氛，就购回了一套在南方十分盛行、而他本人也十分喜爱且演奏得十分熟练的锣鼓回庄敲打。由于当时当地的文化生活比较单调，这一外来的艺术形式便很受青睐。每当鼓乐响起时，闻声而来的乡邻总是将商学智的家院围得水泄不通，想要学打鼓、请求帮置鼓的人家更是络绎不绝。为

图一　2003年秋，104岁的五世同堂老祖与后生交流打鼓心得
（摄影：张恒久）

图二　2008年，商家镇"迎奥运、庆新春"锣鼓大赛开赛前现场

（摄影：谭明文）

了满足邻里乡亲学打鼓的心愿，商学智先是利用过节的时间，教会了自己的儿子、侄子等一干亲属打鼓；继而通过多种渠道为乡邻们购回了几十套锣鼓乐器，并传授他们打鼓的技艺。为了更好地满足大家的需求，商学智在苏杭一带多方拜师学艺，学会了大鼓的制作和锣、钹的翻砂铸造工艺。待到学成之后，商学智将这些工艺绝活带回家乡，开办锣鼓制作工厂。这就是商家大鼓被商学智从苏杭一带引入的故事。

清末民初时，商家大鼓到了鼎盛时期，以淄川为中心，东到青州，西到章丘，南到莱芜，北到滨州，方圆几百里都十分盛行这种鼓乐。当时大鼓已成为该地区家庭之中的必备之物，几乎家家有鼓，每年每村都要组织好几次鼓赛。春节过后，相邻各村间更要举行大规模的鼓赛。学鼓、打鼓、赛鼓已成为这一地区主要的娱乐活动。

商家大鼓，由鼓、锣、钹三种乐器组成。大鼓为扁平型，鼓腔高30厘米，鼓帮呈外圆弧型，用上好的桑木精心制作而成，鼓面直径80厘米，用整张熟好的老公牛皮经人工踩踏、挣紧、铆就而成。先前的方法是：将加工成型的

图三　直径2.88米，用整张牛纸制作的鲁中第一鼓
（摄影：蒋效利）

鼓腔置于木台上，木台四周砸上铁橛，将牛皮蒙在鼓面，然后用多条双股麻绳：一端拴住牛皮，一端拴于铁橛挣紧，人工踩踏牛皮，待牛皮舒展开后，再用木標将麻绳重新拉紧，如此反复多次，最后上箍钉钉。现在的做法是：将加工成型的鼓腔放于可由千斤顶升降的木台上，鼓腔四周用松紧螺栓、铁抓将鼓面牛皮和地面上的地铆连接上紧，人工踩踏后，用木台下面的千斤顶将木台升高，以达到紧牛皮的目的。商家大鼓鼓腔内装有多组弹簧丝，敲打起来声音浑厚、响亮，伴有金属余音，声音和谐、美妙。鼓腔的外边装有两个相互对称的铁环子，以方便打鼓者拴鼓背鼓。先前商家大鼓为体现庄重性，多为浅黑色，现在为了体现欢快、喜庆的气氛，多为大红色。锣、钹是由紫铜和高锡按77∶23的比例合炼成响铜，经翻砂、浇铸、修饰、磨光等工序制作而成。

商家大鼓常用鼓谱有《边鼓歌诀》《丈八歌诀》《杏天花歌诀》《长淌花歌诀》等，有的情绪欢快激昂、热烈紧凑；有的速度缓慢，舒畅怡然，属于煞板式的鼓牌。但不管前面打什么鼓点，前曲反复多少次，最后都必须结束在《长淌花歌诀》上。在商家大鼓的众多鼓谱中，《边鼓歌诀》用得最多，因为它的适应性最强，可以表达的情绪也最丰富。商家大鼓的击鼓技法有击鼓心、击鼓边、击鼓帮，单槌打、双槌打、轻槌点、重槌砸等。它的起奏、变换、轻点、重击及刹鼓，全听鼓队"鼓头"的指挥，"千人打鼓，一锤定音"讲的就是鼓头的作用和地位。

商家大鼓音调优美、节奏欢快，激昂时，如雷霆万钧，排山倒海，有压倒一切之气势；缠绵时，如行云流水，春雨润物，切切幽幽，让人回味无穷。而在商家大鼓的演奏中，最精彩和最为人称道的当属"刹鼓"，它能在瞬间抒发雄壮、激昂的情绪，有万马奔腾、气吞山河的磅礴气势，又能在瞬间戛然而止、鸦雀无声。其果断、迅速，令人心旷神怡，拍案叫绝。

商家大鼓历经十几代人的传承，距今已有三百余年的历史。现今商家大鼓的传承人是淄博市淄川区商家镇杨家村人蒋效利，1976年，蒋效利开始从事对商家大鼓艺术的钻研和实践。随后，蒋效利跑遍了商家镇，走访了近百位大鼓艺人，搜集整理出了失传多年的鼓谱十余个。通过苦学，他熟练掌握了商家大鼓的各种表演技艺，成立了制鼓厂，恢复了传统的商家大鼓年度赛事，组建了第一支商业性锣鼓表演队，并担任队长，为商家大鼓走上产业化

图四　2006年，200人的队伍进城表演　　　　　　　　　　（摄影：谭明文）

图五　2004年新春，著名主持人肖东坡采访商家大鼓第十三代传承人蒋效利先生　　（摄影：刘立江）

的道路做出了突出贡献。

雄关漫道真如铁，而今迈步从头越。在一代又一代传承人的努力下，2006年5月，商家大鼓被列入淄博市第一批非物质文化遗产保护名录；2007年8月，商家镇被命名为"山东省鼓乐之乡"；2008年9月，商家镇被列入"中国鼓乐之乡"推荐名单。

数百年来，沧桑更迭，日月轮回，商家大鼓不但见证了世事的变迁，也丰富了当地群众的文化生活，为社会的和谐进步做出了一定的贡献。如今，伴随着经济的进一步发展，在开业、奠基、落成、结婚、会议、商业促销等各类庆典活动中，商家大鼓受到社会各界越来越广泛的青睐，其社会价值日益凸显。